Het rookoffer

Tessa de Loo
HET ROOK-
OFFER

Een uitgave van
de Stichting Collectieve Propaganda
van het Nederlandse Boek
ter gelegenheid van de Boekenweek 1987

CPNB

Dit Boekenweekgeschenk wordt u aangeboden door uw boekver-
koper.

Het rookoffer werd door B.V. Uitgeverij De Arbeiderspers gepro-
duceerd voor de Stichting Collectieve Propaganda van het Nederlandse Boek in het kader van de Boekenweek 1987.

1. *Augustus*

'En wat doen we met haar?' vroeg de beul.

Hij wees op de prinses die handenwringend naar het zacht heen en weer bungelende lichaam van haar minnaar keek. Samen met de galg tekende het zich zwart af tegen de hemel.

'Haar straf,' sprak de koning, 'zal zwaarder zijn: wij laten haar in leven.'

Voor de prinses was er tenminste nog een gepast toevluchtsoord, het klooster, en haar uitverkorene was, door zijn dood, solidair met het grote sterven in haar dat een aanvang nam. Voor Barbara Rozemeyer was er geen plek om vergetelheid te zoeken: haar geliefde was in de ochtendschemering als een dief weggeslopen. De hoofdstad lonkte naar hem met de heupdraai van haar grachten, haar geheimenissen, haar beloften. En ofschoon de stad oud, veel ouder was dan Barbara, beschikte zij tegelijkertijd over een eeuwige jeugd.

Toen Guido Maenhout geboren werd was Barbara

zo oud als hij nu was. Daarom deed ze net of ze nog sliep, toen de matras naast haar opveerde. Ze hoorde hoe zijn benen in zijn broekspijpen gleden, zijn voeten in zijn schoenen, zijn vingers door zijn haar—al die ingehouden, heimelijke geluiden sneden haar door de ziel. Ze had het gevoel dat de adertjes in haar hoofd knapten terwijl ze zich inspande om ontspannen te lijken: lippen iets van elkaar, gladde, roerloze oogleden, handen onbevangen geopend aan weerszijden van haar gezicht. Hij liep op zijn tenen over het tapijt, draaide zich met de deurknop in de hand om. Door haar wimpers zag ze nog eenmaal zijn gezicht, zich terugtrekkend, mijlenver weg al; ze zag de wenkbrauwen die boven de neuswortel, in een nauwelijks zichtbare knik naar beneden, in elkaar overliepen en over twintig jaar waarschijnlijk in een bedenkelijke frons over het bedrog van de wereld zouden zijn veranderd. Achterwaarts glipte hij weg door de deuropening, alsof iemand hem aan zijn rugpand trok.

Zijn verschijning buiten leek de vogels te alarmeren. Ze begonnen te krakelen—snerpende, ordinaire onruststokers. Ze keek op haar klokje. Bijna zes uur.

Ze draaide zich op haar buik. Waarvoor, voor wie zou ze opstaan? Ze had alle tijd van de wereld. Geen gehaast meer 's morgens, geen weggeraakte boeken, gezeul met pakken correctiewerk. Hete thee die zich door haar slokdarm een weg naar beneden brandde. Iemand als zij mocht nooit meer op hun kinderen worden losgelaten, vonden ze.

De vorige avond had ze, in een peignoir met roze bloesems, op de bank liggen lezen toen ze werd opgeschrikt door de bel. Alleen overdag werd er nog wel eens gebeld, door een glazenwasser, een messenslijper, een stoelenmatter. Dit kon maar één persoon zijn, al scheen hij maandenlang haar bestaan te zijn vergeten. Bedachtzaam legde ze het boek op de grond. Niet opendoen, gonsde het door haar hoofd. Ze knipte de lamp uit, hield haar adem in en luisterde. Door het open raam hoorde ze de wind in de bladeren van de lindeboom die voor het huis stond. Tegen haar wil maakten haar spieren zich gereed opdat ze op zou springen, naar de gang hollen, op het knopje drukken.

Opnieuw ging de bel, en nog eens. Driemaal klonk het oude eigendomsrecht. Haar leven, alles wat haar dierbaar was stond daar beneden voor de deur. Het was belachelijk, op haar leeftijd, om valse onverschilligheid voor te wenden. Het toneelspelen moest ze aan hem overlaten, hij was een natuurtalent.

Ten slotte kon ze zich niet meer bedwingen. Ze deed het licht weer aan, gordde haar peignoir dicht, haalde haar handen door haar gemillimeterde haar en liep naar de gang, zoals ze tientallen malen had gedaan. Nadat ze, vanaf de overloop, de deur beneden had geopend liep ze terug naar de kamer, wat ze vroeger nooit deed. Gewoonlijk wachtte ze hem bovenaan de trap op en liet zich omhelzen.

Ze strekte zich weer uit op de bank, met het boek op haar schoot. Het geluid van zijn voetstappen op de trap ging gelijk op met het bonzen van haar hart. Ze richtte haar ogen op het boek. De deur, die ze op een kier had laten staan, ging geruisloos open. Eerst zag ze Guido buiten het brandpunt van haar blik, een donker vlak tegen een witte achtergrond.

'Hallo,' zei hij bedeesd.

Ze dwong zich langzaam op te kijken, zoals de rector wanneer een leerling voor straf naar hem werd toegestuurd. Maar zodra ze hem zag was ze verloren. Hij stond stram, met een stapeltje boeken onder de arm. Het enige aan hem dat niet in het gareel wilde was het haar dat over zijn voorhoofd viel.

Hij sloeg zijn ogen neer. Ah, de berouwvolle schurk, zijn nieuwste act.

'Nee maar,' zei Barbara.

Hij droeg een colbertje dat ze nooit eerder had gezien, zwart en glanzend. In gedachten zag ze hem ermee in een modieuze nachtgelegenheid zitten, met zijn tegenspeelster, na een toneelvoorstelling. Hij behoorde nu al aan nietsvermoedende anderen toe. Ik ben een jaloerse oude vrouw, dacht ze.

'Ik verhuis morgen,' legde hij uit. 'Ik was aan het opruimen en eh… deze boeken zijn van jou.'

'Dus je gaat ons verlaten.'

Belachelijk, dat 'ons'. Ze moest op haar woorden letten. Ze zat zo vol met opgekropte verwijten dat ze hem, als ze niet oppaste, op de vlucht zou jagen.

Hij legde de boeken op de tafel en keek de kamer rond. Prentte hij het allemaal nog eenmaal in zijn geheugen, voor later, als hij erover vertelde aan vriendinnen?

'Waar is de maagd van Orléans?' Beschuldigend wees hij naar de lege plek op het dressoir.

'Ik heb haar laten vallen,' zei Barbara. Ze verzweeg dat het haar een vreemd soort genoegdoening had bezorgd het beeld in stukken op de grond te zien liggen.

Zijn arm viel slap langs zijn lichaam. Hij zakte neer op de bank, naast haar voeten. In een reflex trok ze ze terug tot onder haar benen. Bedrukt staarde hij naar de lege ruimte tussen hen. In een mechanisch gebaar trok zijn hand een pakje sigaretten uit de zak van het jasje. Maar een ogenblik later kwam de hand schuldbewust tot stilstand en sloten de vingers zich om het pakje. Het verdween weer, terug in het te mooie jasje.

Hij keek haar mistroostig aan. 'Wat is er met je haar gebeurd?'

Ze wierp haar hoofd in haar nek. 'Je weet toch dat vrouwen die niet deugen worden kaalgeschoren?'

Hij antwoordde niet. Hij zag er zo kwetsbaar, zo terneergeslagen uit, dat nieuwe hoop in haar opvlamde: nu ging hij zeggen dat het hem speet, dat het hem vreselijk aan het hart ging, dat hij nachten lang wakker had gelegen. Dat ze mee moest verhuizen naar de stad, opdat ze, ver weg van het gekonkel, voort konden zetten wat zo bruusk werd afgebroken.

'Heb je ergens een sjaaltje?' vroeg hij peinzend.

'Een sjaaltje?'

Hij stond op, trok het jasje uit, gooide het op een stoel en deed de bovenste knoopjes van zijn overhemd open.

9

'Wacht...' zei hij, zijn hand opstekend. Hij snelde naar de gang en kwam terug met een sjaaltje van lichtblauwe zijde dat aan de kapstok hing.

Barbara verstarde. Er kwam geen gesprek, er kwam een toneelvoorstelling! Zolang ze hem kende had hij korte scènes uit romans of toneelstukken voor haar gespeeld. In een dialoog speelde hij wisselend beide personages; daarbij ging hij voor de vergulde Louis-Seizespiegel staan om zichzelf te corrigeren.

Guido deed het sjaaltje om zijn hals en nam de houding van een zelfverzekerde, elegante vrouw aan.

'En je moet niet denken dat hij me ook maar één advies zal geven!' zei hij met een hoge stem. 'Je bent nog steeds twaalf jaar, jij.'

Hij draaide zich een halve slag om, zodat hij tegenover de denkbeeldige vrouw kwam te staan. Het sjaaltje ging af. Het leek of hij nu zichzelf werd: hij streek met zijn hand over zijn voorhoofd en keek de ander droefgeestig aan.

'Met jou, Nounoune'–dit was zijn eigen stem–'is de kans groot dat ik over vijftig jaar nog twaalf ben.'

Hij nam zijn eerste positie weer in, deed het sjaaltje om en knipperde verbaasd met zijn ogen. 'Wat bedoel je?'

Sjaaltje af, twee passen opzij.

'Niet meer dan ik zeg, Nounoune. Niet meer dan de waarheid. Zou jij het durven ontkennen, jij, een eerlijk mens?'

Weer werd hij de vrouw. Die begon te lachen, half spontaan, half geschrokken: 'Maar dat is juist de helft van je charme, kuikentje, die kinderlijkheid! Dat is later het geheim van je eeuwige jeugd. En daar beklaag je je over!... Daar waag je je bij mij over te komen beklagen!'

'Ja Nounoune,' antwoordde de ander. 'Bij wie wil je dan dat ik me erover beklaag?' Hij spreidde zijn armen en keek zijn partner gekweld aan. 'M'n lieve Nounoune, m'n grote Nounoune, ik beklaag me niet alleen, ik verwijt het je ook.'

Het bleef even stil. Toen deed hij met een vermoeid gebaar het sjaaltje om en zei met een vreemde, gemaakte stem: 'Kom kom, jongetje... Je weet dat er grapjes zijn die ik niet lang tolereer.' De vrouw wendde haar hoofd af en keek onzeker en verstrooid in de spiegel.

Tegenover haar viel de jongen op zijn knieën, omklemde haar heupen en kreunde: 'Nounoune van me... och m'n arme Nounoune...'

Zijn jammerklacht was nog niet weggestorven, of de vrouw duwde hem van zich af en riep uit met een stem die oversloeg van woede: 'Laat me met rust!'

Langzaam, met een op effect beluste ingehoudenheid, liet Guido het sjaaltje zakken. Hij keek strak in de spiegel, afwachtend, luisterend. Barbara nam verontrust zijn spiegelbeeld in zich op. Kon deze momentopname op het glas worden vastgelegd, dan zou ze hem altijd bij zich hebben zoals hij nu was. Waarheen ze ook verhuisde, ze zou hem zorgvuldig in dekens wikkelen en de verhuizers op het hart drukken dat het om een zeldzaam kunstwerk ging. En als hij een gevierd acteur geworden was, van alle kanten aanbeden, vol pretenties en eigendunk, dan zou ze nog steeds die kostbare relikwie hebben.

Op het moment dat hun blikken elkaar in de spiegel kruisten draaide hij zich om. Hij kwam naar haar toe en zakte vlak voor de bank op zijn knieën. Het vermoeden dat de voorstelling zich ging herhalen benam haar haast de adem. Hij omvatte haar heupen en legde zijn hoofd in haar schoot. Moest zij hem troosten, terwijl ze zelf degene was die getroost moest worden? Kon ze hem maar in haar schoot opbergen, een achterwaartse geboorte.

Dat hij een stukje uit *Chéri* had gespeeld kon geen toeval zijn: via *Chéri* van Colette hadden zij elkaar leren kennen. Dat hij juist dit fragment gekozen had was evenmin toeval: hier verliet Chéri, na een korte hereniging, voor altijd zijn vroegere minnares. Was dit Guido's manier om afscheid van haar te nemen?

Ze wilde haar hand op zijn hoofd leggen, maar trok hem halverwege weer terug. Een angstwekkende gedachte kwam bij haar op: was het mogelijk dat de voorstelling van die avond het slotakkoord was van een optreden, dat zich uitstrekte over al die maanden dat ze met elkaar waren omgegaan? Had hij haar als proefkonijn gebruikt om uit te proberen of hij de rol van Chéri zo goed kon vertolken, dat zelfs zij, deskundig op het gebied van de Franse literatuur, erin zou vliegen?

Ze legde haar handen op zijn schouders en probeerde hem met zachte drang van zich af te duwen.

De kleur van zijn ogen verhardde tot ijsblauw. Hij klauwde tegen haar op. Bleker dan ooit, alsof hij nu al was voorbestemd voor een leven in theaters en nachtcafés, kwam zijn gezicht vlak boven het hare tot stilstand. De schoonheid ervan, die door een satanische godheid moest zijn geschapen omdat tegelijk haar liefde en haar haat erdoor werden opgewekt, was onverdraaglijk.

Had ze iets geleerd van alles wat er gebeurd was? Nee, ze had niets geleerd. Ze werd willoos onder zijn aanraking. Ze liet toe dat hij het koord van haar peignoir losknoopte. Ze liet toe dat de roze bloesems op de grond gleden.

2. Mei

Er zijn mensen aan wie je in een oogopslag kunt zien tot welke diersoort ze in hun vorige leven behoorden. Johannes Maria Mutserts, de rector, was een pinguïn. Hij droeg bij voorkeur zwarte kostuums met wit gesteven overhemden. Zijn hoofd zat, bij gebrek aan hals, ingeklemd tussen zijn opgetrokken schouders, en zijn zwarte haar, waarvan de inplant diepe inhammen vertoonde aan weerszijden van een scherpe punt, werd zorgvuldig gepommadeerd naar achteren gekamd.

'Het is een onverkwikkelijke geschiedenis.' Hij monsterde haar op een vrijpostige manier, alsof haar reputatie haar vogelvrij maakte.

Barbara keek naar het portret van het koninklijk paar, dat schuin achter hem hing en hem een onmetelijke macht scheen te verlenen, de macht om namens het koninkrijk met haar te doen wat hij wilde.

'U zult wel begrepen hebben,' vervolgde hij, 'dat u na het voorgevallene op onze school niet meer te handhaven bent. Niet omdat wij het gebeurde niet voor een keer door de vingers zouden kunnen zien...'

Hij haperde.

Wie zijn 'wij', vroeg Barbara zich af.

'Tenslotte zijn we allemaal mensen van vlees en bloed... de zwakheid des vlezes...'

Voor het eerst sinds ze aan deze school verbonden was zag ze hem lachen. Een doorrookt gebit kwam in zicht.

Hij herstelde zich. 'Maar, zoals u weet, dit is een rooms-katholiek instituut en wij hebben voor het merendeel te maken met rooms-katholieke ouders. Zij tolereren dit niet. Dat is duidelijk geworden op de vergadering van de oudercommissie en, niet te vergeten...'

De reputatie van de school... de integriteit van de docent... het vertrouwen van de ouders...

Haar ogen gingen naar de arctisch-blauwe hemel achter de ouderwetse, hoge ramen. Ze werd uitgestoten. Ze had zich niet aan de regels gehouden. Wat waren die regels? Eigenlijk was er maar een: ervoor zorgen dat niemand iets te weten kwam van wat je deed. Had Mutserts zelf een onbevlekt blazoen? Misschien maakte hij zijn vrouw het leven zuur, sloeg hij zijn kinderen, stak hij een deel van de rijkssubsidie voor de aanschaf van leermiddelen in zijn eigen zak. Waar het om ging was dat niemand erachter kwam.

'Hier... kijkt u eens...'

Hij hield een stapeltje brieven onder haar neus. 'Lees maar... lees maar...'

Barbara trok er een uit en vouwde hem open.

'Een blauwkous die haar lusten botviert op een jongen... kan zeker geen vent van d'r eigen leeftijd krijgen... zo iemand mag nooit meer op onze kinderen losgelaten worden...'

'Geen verheffende lectuur, mmm?'

In plaats van te zeggen wat ze van al die overspannen briefschrijvers vond, die haar op zo'n gemakkelijke, zelf buiten schot blijvende manier veroordeelden, knikte ze stom.

'De zaak waar het hier om gaat is ook niet verheffend, mevrouw Rozemeyer, helemaal niet verheffend.' Hij tikte met zijn pen op het bureau. 'Enfin, hoe u hierover met uw geweten in het reine komt is mijn zaak niet. Ik zal het kort maken. U schrijft deze week nog een ontslagbrief en wij...' Hij weifelde. 'Het spreekt vanzelf dat wij u een goed getuigschrift geven. Tenslotte heeft er nooit twijfel bestaan over uw didactische kwaliteiten, integendeel, als al die vakgenoten van u... maar helaas... U moet bedenken:'–hij boog zich op een vertrouwelijke manier naar haar toe–'voor ons is het ook ellendig. Wij moeten maar weer afwachten wat er voor u in de plaats komt.' Hij schoof zijn stoel naar achteren. 'Goed, dat is dan geregeld.'

Terwijl ze naar huis fietste bedacht ze dat ze deze stad, zelfs als men haar haar misstap vergeven had, toch zou hebben verlaten. Elke dag, jaar in, jaar uit, deze route te moeten fietsen, alleen, zou een kwelling geweest zijn. De oude, langzaam stijgende straat met antiekwinkels, de kleur van de kastanjebladeren toen hij zijn eerste toenaderingspoging deed, het markt-plein met de warenhuizen, het standbeeld van een stadhouder die ooit de Spanjolen verslagen had, het verwaarloosde park, de laan met huizen van rond de eeuwwisseling waarin de welgestelden woonden: dat alles bestond toch alleen bij gratie van Guido, als de-cor voor hem terwijl hij naast haar fietste. Wat bleef er over van de stad als, ergens onder de daken, haar uitverkorene niet over zijn boeken gebogen zat of zijn maskerades deed voor de spiegel?

Hoe u met uw geweten in het reine komt, zei Mut-serts, de zaak is niet verheffend. Als ze opnieuw voor de keuze werd gesteld deed ze het weer! Ze voelde zich niet schuldig. Ze had niemand in het ongeluk ge-stort. Haar geweten? Als er een God bestond, dan had Hij de mensen met goede redenen hun aantrek-kingskracht gegeven. Hij zou zich miskend hebben gevoeld als ze het vruchtgebruik daarvan had ver-smaad. Het beste wat haar in haar leven was overko-men kon niet verwerpelijk zijn.

In gedachten sprak ze de rector toe. Twee mensen die in onverschilligheid samenleven, vroeg ze hem, doelend op haar huwelijk dat een jaar daarvoor was ontbonden, is dat wel verheffend? Waarom windt niemand zich daar over op? Omdat de meesten zo le-ven?

3. April

Wanneer ze elkaar tegenkwamen in de gang, knikte Guido kort en afwezig. Toen ze het niet meer verdragen kon hem als een wildvreemde, overdreven plichtgetrouwe leerling door de school te zien ijlen, hield ze hem staande. In het nauw gebracht, nerveus om zich heen kijkend, antwoordde hij op haar vraag hoe het met hem ging met het excuus, dat hij het nu te druk had. Terwijl een horde jongens langs hen heen stoof, jongens met puisten, jongens met grote brillen, hun geteisterde boekentassen met groezelige handen tegen zich aan klemmend, staarde ze sprakeloos naar het gave, met een fijne pen getekende gezicht tegenover haar, dat ze niet mocht aanraken. 'Nou...' zei hij korzelig, zich haastig uit de voeten makend.

Intussen naderde de dag waarop hij bij haar zijn mondeling examen moest inhalen. Nu hij zijn gevoelens voor haar zo achteloos ondergeschikt had gemaakt aan zijn ambities, bekroop haar de lust om wraak te nemen. De liefde voor de Franse literatuur was een van de pijlers waarop hun verknochtheid aan elkaar tot nu toe gerust had. Het idee hem in verlegenheid te brengen met moeilijke, insinuerende vragen bekoorde haar. Buitenoord, de aardrijkskundeleraar die haar was toegewezen als gecommitteerde, zou niets in de gaten hebben.

Op de bewuste dag was ze zo gespannen dat het leek of zij degene was die examen moest doen. Toch had ze die nacht over een berouwvolle Guido gedroomd, die aan haar voeten lag en haar smeekte hem te vergeven. Zijzelf was zich, om dit zoete moment zo lang mogelijk te rekken, ongenaakbaar en onverzoenlijk voor blijven doen.

Een uur voor de vastgestelde tijd was ze in haar lokaal. Ze plaatste de tafels en stoelen zo dat zij op korte afstand van elkaar zouden zitten. Ze schikte en herschikte de boeken, zette de cassetterecorder klaar en bedacht dat ze, wanneer Guido uit haar leven verdwenen zou zijn, nog altijd zijn stem zou hebben. Ze ijsbeerde door het lokaal, bekeek een barokke prent met een scène uit een stuk van Molière en een foto van het Franse toeristenbureau, waarop druivenplukkers met volle manden de ondergaande zon tegemoet liepen.

Guido en Buitenoord kwamen tegelijk binnen. 'Ga zitten,' zei Barbara met een armgebaar naar Buitenoord. Haar zenuwen hadden dat uiterste aan spankracht bereikt waarna men ineens griezelig rustig wordt.

Met een bereidwillige blik in haar richting schoof

Guido op de stoel tegenover haar. Op het lichtgrijze jasje dat hij droeg had zij in betere tijden wijn gemorst. De vlek was voor het geoefend oog ter hoogte van de zak nog altijd zichtbaar en zou Guido, of hij wilde of niet, altijd met haar blijven verbinden. Guido legde zijn handen over elkaar en keek naar de cassetterecorder.

Gewoonlijk stelde ze de kandidaat met een grapje op zijn gemak en legde ze uit, dat ze het examen op de band opnam om het thuis nog eens in alle rust te kunnen beoordelen en om, in geval van protest van de kandidaat tegen zijn cijfer, objectief bewijsmateriaal te hebben. Tegenover Guido liet ze dat allemaal na. Ze keek op haar horloge en deed alsof ze in haar paperassen naar de lijst met vragen zocht die al bijna een uur klaarlag op tafel.

'Zijn we zover?' vroeg ze.

Buitenoord knikte.

Ze verlegde haar vulpen en keek Guido aan.

'Vous avez *Les précieuses ridicules* de Molière à votre liste,' begon ze, 'alors, racontez moi...'

Aanvankelijk aarzelend, verbaasd, maar gaandeweg steeds behendiger omzeilde hij de valstrikken die ze voor hem had uitgezet. Al die tijd vermeed hij het haar aan te kijken. Hij hield zijn ogen op de cassetterecorder gericht, alsof hij vandaar uit beoordeeld werd door een onzichtbare, hem welgezinde gecommitteerde. Flaubert passeerde de revue, Daudet, Sartre. Hij wist veel meer dan er in het literatuurboek stond, meer dan ze hem geleerd had. Het leek of hij in trance raakte; zijn Frans werd steeds vloeiender en melodieuzer. Ze voelde een vreemd soort trots, die gaandeweg omsloeg in melancholie: ze ging een droomleerling verliezen.

Chéri had ze voor het laatst bewaard. Ze vroeg Guido hoe de vrouwelijke hoofdpersoon, Lea, reageerde toen haar vierentwintig jaar jongere minnaar Chéri besloot te trouwen met een meisje van zijn leeftijd. Guido beschreef hoe Lea een korte angstaanval doorstond–angst voor lichamelijk verval, angst voor een onbekende gewaarwording: verdriet om het verlies van Chéri–waarna ze op reis ging om haar zinnen te verzetten. Vervolgens vroeg Barbara wat voor effect het huwelijk had op Chéri, waarop Guido antwoordde dat de jonge vrouw Chéri's verlangen naar Lea niet kon stillen. Hij weidde erover uit hoe Chéri, terug van de huwelijksreis, een ongeregeld leven leidde dat hem uitputte en niet bevredigde.

Haar vragen kregen steeds meer het karakter van een kruisverhoor. Alle examentijd die hen restte werd gespendeerd aan *Chéri*. Guido zat kaarsrecht op zijn stoel en beantwoordde de vragen met een verbazingwekkende slagvaardigheid. Buitenoord sloeg hem met respect gade.

Chéri, weggekwijnd uit verlangen naar Lea, pleegde ten slotte zelfmoord. Dit was Barbara's laatste troef, die als een soort waarschuwing moest dienen. Maar Guido beschreef, de opgelegde dubbelzinnigheid van Barbara's vragen negerend, de teloorgang van de hoofdpersoon met distantie.

Ze schaamde zich. Wat was ze naïef! Het pad van deze droomleerling, dat door een gelukkig toeval korte tijd het hare gekruist had, voerde omhoog naar de top van een berg, waar het zich vertakte in nieuwe paden die naar alle windstreken voerden, terwijl haar pad, dat kon ze niet meer ontkennen, naar de diepte leidde.

4. *April*

De onthulling van Beverman, waar niemand om had
gevraagd maar die toen zij hem eenmaal ontglipt was
de atmosfeer vergiftigde, bleef niet tussen de vier
muren van de vergaderruimte. Berichten die niet
voor ieders oren bestemd zijn planten zich voort via
grillige golflengtes. Kort na de vergadering bekroop
Barbara het gevoel dat de sfeer in de klassen veranderd was. Er heerste een onderdrukte, lacherige
spanning die bij de kleinste misstap van haar kant
leek te zullen exploderen. Hadden zij een oordeel
over haar?

In de hogere klassen maakte ze uit de familiaire
blikken die sommigen haar toewierpen op dat men
haar, nu ze een van hen had uitverkoren, omlaag had
gehaald naar eigen niveau. Ze zag ook nieuwsgierigheid, en zelfs bewondering; of verbeeldde ze het zich
allemaal?

Pas toen ze op een ochtend bij binnenkomst in haar
lokaal een krijttekening op het bord aantrof, voor-
stellende een rij blote jongetjes in opgewonden toe-

stand, die naar het voorbeeld van strips in een grote wolk boven hun hoofd allemaal tegelijk de vraag stelden: 'Wanneer zijn wij aan de beurt juf?', pas toen had ze definitieve zekerheid dat haar faam tot in alle regionen was doorgedrongen. Verstrooidheid voorwendend veegde ze met lange, trage bewegingen de tekening weg om haar te vervangen door een rij onregelmatige werkwoorden.

De volgende dag vond ze bij thuiskomst tussen de post een ongeadresseerde enveloppe. Er zat een foto in, die ruw uit een tijdschrift gescheurd was: een jonge man lag, in een suggestieve schemering, naakt uitgestrekt op een sofa. Hij keek zo onschuldig de camera in, dat het leek of de fotograaf hem in zijn slaap had verrast. Er zat geen verklarend briefje bij. Barbara kneep de foto tot een prop, maar streek hem daarna peinzend glad.

Ze wist niet dat dit nog maar het begin was. In de daaropvolgende week ontving ze een brief, waarin een groep verontruste ouders zich afvroeg hoe het met de lichamelijke en geestelijke veiligheid van hun kinderen gesteld was, als zelfs de vrouwelijke leerkrachten niet meer te vertrouwen waren. Ze vond anonieme scheldkanonnades op de deurmat en nieuwe varianten van de man op de sofa. Hoezeer ze zich ook inspande om de onverkwikkelijke post zo snel mogelijk te vergeten, toch kreeg de opeenvolging van insinuaties steeds meer weg van een zenuwoorlog: was de hele stad tegen haar opgehitst? Zouden ze haar binnenkort opwachten in het verwaarloosde plantsoen waar ze elke dag doorheen fietste, of in de rood met groen betegelde portiek waarop haar voordeur uitkwam? De geschiedenis kende zoveel voorbeelden van volkswoede jegens vrouwen, die zich niet aan de zedelijke wetten van hun tijd hadden gehouden. En al waren de tijden veranderd, waren de mensen dat ook?

Haar collega's negeerden haar op een subtiele manier. Zelfs Fred Barijn en Huub Stroop, van wie het een publiek geheim was dat ze op schoolfeesten geen weerstand boden aan de verleiding van een korte romance met een vroegrijpe leerling, hadden het steeds erg druk wanneer zij in de buurt kwam. Ook van haar twee vrouwelijke collega's kwam weinig steun. Margot Fluwijn schrok, wanneer Barbara haar aansprak. In haar kleine, dode ogen verscheen plotseling de angstige schittering, die bij dieren ren-voor-je-leven betekent. Ze waakte over haar blauwkousenleven: ergens bij betrokken raken was het ergste wat haar kon overkomen. Minnie Glasstra, in een permanent, uitputtend gevecht verwikkeld met haar lesrooster en een huishouden van vier kinderen die alles afbraken wat zij opbouwde, was de enige die na de vergadering begrip getoond had. 'Trek het je niet aan,' zei ze, 'over een maand is iedereen het vergeten.'

Maar waar bleef Guido? Hij was voor niemand bang. Liever haalde hij de toorn van de hele wereld over zich heen dan dat hij zich in zijn vrijheid liet beknotten. Waarom kwam hij dan niet? Was ze achttien jaar jonger geweest dan had ze hem gewoon op kunnen bellen. Achttien jaar. Toen hij geboren werd zat zij, zoals hij nu, vlak voor haar eindexamen! Terwijl hij over de grond kroop, terwijl hij tanden wisselde, studeerde zij. Hij ging voor het eerst naar school toen zij trouwde. Achteraf bezien waren de jaren van haar huwelijk één grote windstilte geweest, één groot wachten tot hij opgegroeid zou zijn. Ze probeerde zich het samenzijn met haar man voor de geest te halen, maar ze herinnerde zich niets. Had ze al die tijd geslapen?

Een verschil van achttien jaar. Ogenschijnlijk was het winst, zoveel eerder geboren te zijn–achttien jaar kennis van de wereld–maar in haar geval was het verlies.

Op een avond maakte de bel, die driemaal achtereen hard en langdurig ging, abrupt een einde aan dit wachten. Meteen nadat ze vanaf de overloop de deur had geopend stortte Guido zich naar binnen, alsof hij ternauwernood ontkwam aan een hysterische meute.

'Geef me een borstel,' riep hij, met drie treden tegelijk de trap oprennend, 'en een zeem.'

Gejaagd wrong hij zich langs haar heen naar de keuken om daar in het wilde weg kasten open te trekken. Barbara, na een week vol angstige hunkering opzij geduwd om een borstel, bleef verstijfd bovenaan de trap achter. De kraan werd wijd opengedraaid; ze luisterde wantrouwend naar het geklater. Vol geconcentreerde ernst, als een glazenwasser die betaalde arbeid verricht, passeerde hij haar even later met een dampende emmer.

'Daar blijven,' brulde hij over zijn schouder toen ze hem wilde volgen. Bedremmeld trok ze zich terug in de huiskamer. Ze opende de deuren aan de straatkant. Vochtige kou drong de kamer binnen. Vanaf het balkon zag ze dat, recht onder haar, Guido bij het licht van een straatlantaarn de etalageruit van de ijzerhandel schoonschrobde. Het was een wonderlijk gezicht de lange, tengere gestalte in de uitgestorven straat koortsachtig bezig te zien. De kerk aan de overkant, die meer leek op een kazerne voor militante christenen dan op een toevluchtsoord voor gelovigen, keek misprijzend toe alsof er iets onoorbaars gebeurde.

'Wat stond er?' vroeg ze toen hij, nog nahijgend en met een kleur van verontwaardiging, eindelijk tegenover haar zat.

Hij ontweek haar blik. 'Iets waarvan je huisbaas als hij morgenochtend de winkel opent zo zou schrikken, dat hij je op staande voet de huur op zou zeggen.'

'Maar wat stond er dan?'

Hij wreef met zijn handen over zijn kaken en keek met een zekere huiver naar het raam. 'Dat zeg ik niet.'

'Kom,' zei Barbara, 'ik ben wel wat gewend.' Ging hij haar nu ineens ontzien, nadat hij haar een week lang aan haar lot had overgelaten? Ze stond op, pakte de lasterlijke brieven van de secretaire en legde ze zwijgend op zijn schoot. Niet zonder genoegdoening sloeg ze hem gade, terwijl hij met groeiende verbijstering de inhoud las en de foto's uitvouwde. Maar voordat hij de laatste brief uit had was haar verlangen naar hem zo groot geworden, dat de stennis en de verdachtmakerij van de buitenwereld haar koud lieten en er voor haar nog maar één noodzaak bestond: hem tegen zich aan te klemmen en nooit meer los te laten.

Met een zucht legde hij de post op tafel. 'Wat een bekrompenheid,' zei hij, 'het is om te stikken in deze stad.'

Barbara knikte, maar zei niets. Wat viel er te zeggen als er zoveel verloren tijd moest worden ingehaald? Maar toen op zijn woorden een pijnlijk zwijgen volgde, waarin geen van beiden een poging tot toenadering ondernam, was Barbara de eerste die de stilte verbrak.

'Wanneer hoorden je ouders het?'

'De dag na de vergadering al, van vrienden die een dochter hebben in de tweede klas.'

'Hoe staan ze ertegenover?'

'Ach…' Moedeloos wuifde hij haar vraag weg. De sierlijke welving van zijn bovenlip, die haar altijd had ontroerd, drukte weerzin uit. 'Werden ze maar boos. Hadden ze me maar het huis uit gegooid.' Hij sloeg zijn ogen ten hemel. 'Maar nee: ze zijn een en al begrip. Ze hebben me de raad gegeven ermee te stoppen. En nu behandelen ze me als een herstellende zieke, met alle zorg en omzichtigheid. Het zijn moderne ouders, begrijp je...' Zijn stem stokte. 'Moderne ouders!' Het klonk als een aanklacht. 'Vol begrip!'

Dat haar geliefde, in plaats van uit het schuim van de zee, uit ouders van vlees en bloed moest zijn voortgekomen had Barbara in haar bewustzijn altijd handig omzeild. Moderne ouders. Dat klonk alsof ze van haar eigen leeftijd waren. Zou zijn moeder in verwachting zijn geraakt toen ze nog op school zat, in het onverlichte tijdperk van de levensgevaarlijke abortussen? Zou ze zijn bevallen van haar eerste kind terwijl haar klasgenoten en de jonge vader eindexamen deden? Terwijl zij, Barbara, eindexamen deed? Deze gedachte schiep een angstwekkende afstand tussen Guido en haar, die nog vergroot werd door de terughoudendheid die hij uitstraalde.

'Heb je nog iets leuks gelezen?' Haar stem klonk onnatuurlijk.

'Ik werk alleen maar,' zei hij.

Weer viel er een stilte. Koortsachtig overlegde ze hoe ze de kloof tussen hen moest overbruggen.

'Wil je iets drinken?'

Hij schoot bruusk overeind, bij ongeluk de post van de tafel vegend. De man op de sofa kwam opengevouwen op de grond te liggen.

'Nee nee,' riep hij, verschrikt van de foto naar Barbara kijkend, alsof zij in het geheim toch een band had met het triviale naakt en hemzelf nu met haar heksenbrouwsels probeerde te verleiden. 'Ik ben thuis even weggeglipt om je uit te leggen waarom ik voorlopig niet kan komen.' Hij bukte zich om de post op te rapen. 'Ik móét slagen, zie je,' zei hij, overeind komend.

Voor ze het wist was hij, zonder haar ook maar met een vinger te hebben aangeraakt, de trap afgestommeld en had hij de huisdeur achter zich dichtgeslagen.

Toen de nagalm hiervan was weggestorven kwam ze in beweging. In de keuken stond de emmer vuil water. Pas na enige aarzeling goot ze hem leeg, omdat ze het gevoel had dat hij, in plaats van met het spoelwater van de smadelijke graffitti, gevuld was met de tranen die zij in de jaren die voor haar lagen zou vergieten.

5. Maart

De vergadering werd voor de tweede maal bijeengeroepen omdat er, zo bleek uit het stencil dat de notulen van de vorige begeleidde, bij een enkeling behoefte bestond kanttekeningen te maken bij de beslissingen die toen genomen waren, en omdat enkele nieuwe kwesties om aandacht vroegen.

Uiterlijk kalm, maar vol angstige voorgevoelens, stapte Barbara die middag de vergaderzaal binnen, die naar bijenwas en lang geleden gestorven leraren rook. De tafels vormden een ovaal, zodat men elkaar niet alleen kon horen, maar ook zien. Gewoonlijk viel er voor oog en oor weinig te genieten. De meeste leraren, in de waan dat intellect en eruditie omgekeerd evenredig waren aan uiterlijk vertoon, liepen dag in dag uit in dezelfde colbertjes en morsige corduroybroeken. Aan de vergadertafel stelden ze elkaars geduld op de proef met lange uiteenzettingen op vlakke doceertoon over kwesties, die maar weinigen interesseerden. Onder hen bevonden zich ook de ongelukkigen die de aandacht van hun leerlingen niet

geboeid konden houden en op de vergadering wanho-
pig probeerden hun gebrek aan welsprekendheid te
verbeteren. Anderen waren zo gewend aan het geluid
van hun eigen stem, dat ze alle grond onder de voeten
zouden verliezen als ze niet met vaste regelmaat werden gerustgesteld door het sonore gebrom van hun
stembanden. Maar de geboren vergaderaars waren
degenen, die handenwrijvend de vergaderruimte be-
traden omdat deze het enige strijdperk was waar ze
wel eens een overwinning behaalden. Ze bliezen de
onnozelste kwesties op tot problemen van wereldfor-
maat, nu eens het ene, dan weer het andere stand-
punt huldigend, als het maar controversieel was en
de duur van de vergadering rekte.

De rector begon met een: 'Dames en heren, in de
eerste plaats wilde ik uw aandacht vragen voor...'
Barbara luisterde naar zijn stem zoals ze als kind naar
die van de pastoor geluisterd had: zonder de betekenis van de woorden tot zich te laten doordringen.
Haar blik dwaalde rond langs een bonte verzameling
wandversieringen. Thomas van Aquino, de paus en
Spinoza hingen broederlijk naast elkaar, terwijl ver-
derop de Melancholie van Dürer wanhopige pogingen deed te harmoniëren met een stadsgezicht uit het
begin van de eeuw en een abstracte aquarel van een
plaatselijk kunstenaar.

Na enige tijd dwong ze zichzelf tot oplettendheid.
Er was geharrewar over de conciërge, die zich er bij de
rector over beklaagd had dat de opdrachten van de leraren om proefwerken te vermenigvuldigen op de

stencilmachine nu eens lange tijd uitbleven, dan ineens allemaal tegelijk kwamen, zodat hij zich tot middernacht moest afbeulen. De meningen hierover wedijverden met elkaar in wijdlopigheid. Even beloofde de stemming levendig te worden, toen iemand bij wijze van grap—een zeldzaamheid—voorstelde de ontevreden conciërge te vervangen door een nieuwe, die sneller kon stencillen.

'We gaan over naar punt vijf,' riep de rector ten slotte, 'nogmaals de kwestie Guido Maenhout.' Hij stak zijn kin martiaal naar voren. 'Voordat ik deze zaak definitief afrond wilde ik het woord geven aan de heer Beverman, die naar ik meen ook nog iets te berde wilde brengen.'

Barbara verstarde. Het wachtkamergevoel, dat zich vanaf het begin van de vergadering in haar buik had schuilgehouden, kroop op tot haar keel. Beverman perste zijn roze lippen op elkaar en bladerde in zijn notulen. Toen keek hij quasi verstrooid op.

'De zaak is deze,' begon hij, 'zoals u zich ongetwijfeld zult herinneren is tijdens de vorige vergadering met zestien tegen vijftien stemmen besloten af te zien van verdere sancties en de jongeman een laatste kans te geven alsnog eindexamen te doen. Dit was een zeer minieme meerderheid. Eén stem minder en de zaak had er heel anders voor gestaan. U zult zich herinneren dat zich in de groep, die de jongen deze kans wilde geven, ook mevrouw Rozemeyer bevond. Tot ons aller verbazing, want wij hebben haar leren kennen als een overtuigd en strijdbaar tegenstand-

35

ster van het roken op school. Welnu, ik wist toen al, maar was te verbluft om hiermee meteen voor den dag te komen, wat de oorzaak van deze inconsequentie was. Ik wil u deze alsnog niet onthouden, omdat hierdoor een heel ander licht op de affaire geworpen wordt.'

Hij pauzeerde even om zijn woorden te laten bezinken en de nieuwsgierigheid van de aanwezigen te prikkelen. Tijdens zijn breedvoerige opening had Barbara opgehouden te ademen. Gebiologeerd naar het zalverig-vriendelijke gezicht starend besefte ze, dat hij op het punt stond bloot te geven wat er onder de waslaag van zijn beschaafdheid schuilging: een nietsontziende wraakzucht, die door zijn gekrenkte trots gevoed werd, en zij kon niets doen om hem tegen te houden.

'Het is namelijk zo,' hervatte Beverman, 'en ik verzeker u dat ik over deze pijnlijke zaak liever gezwegen zou hebben als niet de omstandigheden me hadden genoodzaakt deze in de openbaarheid te brengen...' Zonder enige reden pakte hij de notulen op, om ze even later weer neer te leggen. 'Het is namelijk zo dat ik bij toeval op de hoogte ben gekomen van het feit, dat de relatie tussen mevrouw Rozemeyer en de onderhavige Guido Maenhout zich niet beperkt tot de gangbare docent-leerling verhouding, maar veel meer is dan dat, namelijk een...' Hij keek zoekend rond met een weifelende blik in zijn ogen. Kreeg hij op het laatste nippertje last van zijn geweten?

'Ik weet niet waar u heen wilt,' zei de rector stug.

36

'Namelijk een liefdesrelatie,' gooide hij eruit.

Tijdens de ontsteltenis die op deze uitlating volgde vond Barbara, ondanks een spervuur van indiscrete blikken, iets van haar kalmte terug: het ergste was nu gebeurd. Er was niets waar ze spijt van had, behalve van het feit dat ze Beverman, de eerste keer dat hij het woord tot haar richtte–aangenaam, de naam is Beverman, historicus–niet meteen de rug had toegekeerd.

'Weet u wel wat u daar zegt,' zei de rector, maar Beverman hoorde het niet. Hij zat te genieten van het effect van zijn woorden.

Ze begonnen op gedempte toon door elkaar heen te praten. Het was een geruis en geroezemoes van veronderstellingen, verdachtmakingen, weerleggingen; er werden hoofden geschud en vingers opgestoken. Al die tijd zat Barbara daartussen, vergeten en aan haar lot overgelaten.

Aan dit alles kwam abrupt een eind toen de rector met een vlakke hand op de tafel sloeg. 'Dames en heren, stilte alstublieft!'

De stemmen verstomden. Beverman wierp Barbara een triomfantelijke blik toe.

'Ik moet bekennen'–de rector streek vermoeid over zijn voorhoofd–'dat ik geschokt ben door dit bericht, maar ik wil er onmiddellijk aan toevoegen, dat ik er de voorkeur aan zou hebben gegeven als de heer Beverman dit vooraf met mij besproken had, in plaats van het zo maar in de vergadering te gooien.'

Hier en daar klonk instemmend gemompel. Beverman boog ironisch glimlachend zijn hoofd.

'Ik kan nog niet overzien wat de consequenties hiervan zijn voor mevrouw Rozemeyer.' Mutserts knikte beleefd in de richting van Barbara. Alle ogen richtten zich gedurende korte tijd op haar met koele afstandelijkheid, zoals het publiek in een rechtbank naar de beklaagde kijkt. 'Maar een ding weet ik zeker: deze mededeling kan op geen enkele manier de beslissing van de vorige vergadering beïnvloeden. Ik heb namelijk in de tussentijd nog een gesprek gehad met de inspecteur, de heer Kuulenborg, die me duidelijk heeft gemaakt dat schorsing van een eindexamenkandidaat voor een relatief onschuldig vergrijp als roken in de school onaanvaardbaar zou zijn geweest.'

6. Maart

Toen Guido zijn ouders had ingelicht over de schorsing hoefde hij overdag niet meer naar het huis van Barbara. Maar de avond na de eerste vergadering, waarop de voltallige examencommissie gestemd had over zijn toekomst, belde hij vroeg aan.

'En...?' schalde zijn stem van beneden zodra de deur geopend werd.

'Gefeliciteerd,' riep Barbara, 'je schorsing is opgeheven.'

Ze werd omhelsd alsof ze de leden van de commissie had omgekocht.

Hij ging languit op de bank liggen met zijn hoofd in haar schoot. 'Je moet me alles vertellen,' zei hij.

Barbara aarzelde. Het kostte haar de grootste moeite zich precies te herinneren wat er besproken was. De hele vergadering stond in het teken van Beverman. Het ene moment was ze bang voor hem, het volgende moment vervulde de gedachte aan hem haar met haat en afkeer. In zekere zin had hij zich haar toegeëigend, door haar in het centrum van zijn belangstelling te plaatsen. In wat voor erotische fanta-sieën figureerde zij ongewild? En wat haar het meest beangstigde: niet alleen in zijn gedachten, maar ook in werkelijkheid had hij nu macht over haar.

Bij stukjes en beetjes beschreef ze het meningsver-schil over de vraag of het vergrijp nu in of buiten het schoolgebouw had plaatsgevonden. Guido barstte uit in hoongelach. Ze lachte werktuiglijk met hem mee. Daarna werd haar verslag van het besprokene steeds verwarder. Op de naam van Beverman schoot Guido overeind.

'De smiecht! Hij rookt zelf een pijp, voor de klas! Als een van ons hem op de regels wijst zegt hij: een pijp is iets anders. Intussen zitten wij een uur in de rook van zijn gore caramel-tabak.'

'Maar heeft niemand hem ooit verklikt?' vroeg ze verbaasd.

'Natuurlijk niet'–hij kuste haar knie en ging weer liggen–'wie doet nou zo iets. Trouwens, volgens mij weet de schoolleiding het al lang.'

De geschiedenis van Bevermans avances lag op het puntje van haar tong, maar in plaats van zich ervan te bevrijden stond Barbara op om de gordijnen te slui-ten. Toen ze zich omdraaide was de kamer leeg. Ze hoorde gestommel in de slaapkamer en het gepiep van de deur van de linnenkast. Voor Guido keerde zich nu alles ten goede. Op een dag zou hij haar verla-ten. Beverman niet. Waar ze ook ging, altijd zou een Beverman haar weten te vinden. Ze liet zich in een stoel zakken en wachtte.

De deur van de slaapkamer ging open. 'Wie volgt!
En wie volgt!' werd er op strijdlustige toon geroepen.

Guido stond in een krijgshaftige houding op de drempel, naakt op een om zijn heupen geknoopte handdoek na. Zijn haar was strak naar achteren gekamd, zijn gezicht wit gepoederd en hij had koortsigrode vlekken op zijn jukbeenderen zoals de onhandig aangebrachte valse blosjes van oude dames. Hij klemde een voorwerp in zijn hand waarin ze even later een zeepdoos herkende, die ze in geen jaren gebruikt had en die hij uit een lade met rommel moest hebben opgediept.

Van het ene op het andere moment liet hij zijn zelfverzekerde houding varen. Schrikachtig om zich heen ziend, behoedzaam alsof hij met zijn blote voeten over een veld vol distels liep, sloop hij door de kamer totdat hij schuin voor de spiegel bleef staan. Vol spijt en nostalgie naar zijn spiegelbeeld kijkend, zei hij langzaam:

'Naakt, met een handdoek om mijn al te smalle lenden,

een zeepdoos in mijn hand,

mijn wangen rood gekleurd...'

Hij deed een stap opzij, ging tegenover de persoon die hij net geweest was staan en werd, ondanks zijn naaktheid en zijn aandoenlijke zeepdoos, een autoritaire bullebak.

'Wie volgt! En wie volgt!' schreeuwde hij.

Onmiddellijk ging hij weer op zijn oude plaats staan en zei, vol onderdanige verlegenheid:

'Ik was pas twintig jaar,

net als de hele bende.

Bloot, in een klamme rij van ieder-krijgt-een-beurt...'

En weer bulderde die ander: 'Wie volgt! En wie volgt!'

Het lamplicht wierp zware schaduwen. Onder zijn donkere oogkassen staken de jukbeenderen scherp naar voren. Zelfs zijn adamsappel tekende zich af in een hals, die niet smal meer was als die van een jongen, maar ook nog niet breed en gespierd als die van een man. Hij klemde de zeepdoos tegen zijn borst en vroeg om begrip:

'Ik was pas twintig jaar,

had nooit een vrouw bekend,

daar stond ik voor het kampbordeel van het regiment...'

Ondanks haar moedeloosheid werd Barbara meegesleept door de verleidelijke naïveteit van de rekruut in de spiegel. De oude blauwe zeepdoos, die de ongeïnspireerde vakanties in haar huwelijk had overleefd, werd een symbool van jongensachtige schaamte. Ze dacht aan de vermoeide, afgestompte vrouw voor wie hij in de rij stond. Zou zij, ondanks de overuren die ze maakte, consideratie met hem hebben?

'Wie volgt! En wie volgt!

Ik hunkerde zo naar wat tederheid en liefde,

of zelfs alleen een lachje, of alleen wat tijd...'

Het bleef even stil, toen maakte hij de handdoek los, spreidde hem uit op de grond, zette de zeepdoos op een van de punten en kwam langzaam overeind.

'Wie volgt! En wie volgt!

Die walmend domme rij die mijn gevoelens grief-
de:

verslagen was ik, lang voor de echte strijd...'

Hij bleef roerloos staan voordat hij plechtig boog,
zijn armen gekruist voor zijn borst. Toen losten de
twee geesten, waarvan hij het medium was geweest,
op in het niets en kwam hij in beweging. Hij liet zich
op de bank vallen en Barbara kwam naast hem zitten
om zijn wangen, zijn hals, zijn adamsappel, zijn borst
met vijf haren, te bedekken met de kussen die zij de
rekruut had willen geven.

'Raad eens van wie die tekst is,' vroeg hij. Maar zij
liefkoosde nog steeds zijn spiegelbeeld en gaf geen
antwoord. Hij nam haar gezicht tussen zijn handen
om haar aandacht af te dwingen.

'Is het een toneelstuk?' vroeg ze.

Hij schudde zijn hoofd.

'Een gedicht?' Met een natte vinger probeerde ze
de valse blosjes van zijn wangen te wrijven.

'Je komt in de richting,' zei hij, 'het is het begin
van een lied van Jacques Brel.'

Bij het horen van die naam stond Barbara op en
liep naar een kast waar ze twee langspeelplaten uit
trok. Weliswaar ontbrak het bewuste lied hierop,
maar dit gemis werd ruimschoots goedgemaakt door
de liederen die er wel op stonden.

Aangemoedigd door meeslepende melodieën als
'Brussel was toen nog...' en 'O Mariken, Mariken...'

gaven ze zich over aan de liefde; Guido, in zijn over-
winningsroes, wild en heethoofdig, Barbara met een
wanhopige gretigheid alsof het de laatste keer was.

Vlak voordat hij de top van zijn triomf had bereikt
ontsnapte hem een kleine juichkreet: 'Binnenkort
hoef ik nooit meer naar school!'

'En de toneelschool dan?' fluisterde Barbara.

Even leek het of haar opmerking niet tot hem
doordrong. Zijn armen gestrekt keek hij op haar neer
met een blik die op zijn eigen genot gericht was, maar
ineens helde hij langzaam en nadenkend voorover.

'Dat is geen school,' zei hij in haar oor, 'dat is de
verwezenlijking van een droom.'

7. Maart

Barbara wist Guido ervan te overtuigen, dat het beter was de schorsing aan zijn ouders op te biechten. Toen ze op het punt stond, op haar beurt, zijn voorspraak te zijn bij de rector, bleek een protestbrief van zijn ouders haar al te zijn voor geweest. Op slag kwam er een eind aan Mutserts onverschilligheid tegenover het lot van de weerspannige eindexamenkandidaat. Diezelfde dag nog riep hij de examencommissie bijeen om, zoals hij zei, deze onplezierige zaak voor eens en voor altijd uit de wereld te helpen.

Met de dubieuze monterheid die voorafgaat aan een pittig meningsverschil schoof de commissie, die was samengesteld uit de rector, de secretaris en de leraren in de examenvakken, achter de tafels in de vergaderzaal. Waar eens de asbakken hadden gestaan stonden nu potten met Kaapse viooltjes.

'Ik zal voor de duidelijkheid de feiten nog even op een rijtje zetten,' begon de rector. Hij scharrelde wat in een wanordelijke stapel papier en richtte toen zijn sperwersblik op het getonsuurde hoofd van Thomas van Aquino, alsof hij verantwoording verschuldigd was aan deze herder van de katholieke moraal. 'U weet welk een belangrijke rol de kwestie van het roken hier op school gespeeld heeft. Wij hebben indertijd na een schier eindeloze afweging van belangen besloten het roken voor iedereen, zowel de leerlingen als de docenten, binnen de vier muren van onze school te verbieden. En zoals u weet, een regel is geen regel wanneer er geen sancties zijn om deze te handhaven. Aanvankelijk werd de nieuwe regel door alle partijen keurig in acht genomen, totdat in januari van dit jaar de dienstdoende surveillant een leerling uit de eindexamenklas, Guido Maenhout, in de pauze betrapte op het roken van een sigaret in de zijvleugel, vlak bij het gymnastieklokaal. Wij hebben toen, in verband met het schoolonderzoek, volstaan met een ernstige schrobbering. Wie schetst dan ook onze verbazing toen dezelfde leerling nog geen maand later ten tweeden male betrapt werd, op precies dezelfde plek! Nog steeds clement hebben wij hem toen, ondanks het feit dat hij nogal hoog van de toren blies, voor slechts drie dagen geschorst, na vooraf te hebben geïnformeerd of hij hierdoor geen vitale onderdelen van het schoolonderzoek misliep. Daarna dachten we, dat hij zijn lesje wel zou hebben geleerd. Maar wat gebeurt er enkele weken geleden? Hij werd niet alleen voor de derde maal gesnapt, maar had ook nog de brutaliteit een grote mond op te zetten en te ontkennen dat hij in overtreding was. Wij stonden paf! Er bleef ons geen andere keus dan hem gedurende lange tijd de toegang tot de school te ontzeggen, ongeacht of dit gevolgen zou hebben voor zijn examen.'

De rector spreidde zijn handen om aan te geven dat hij machteloos stond tegenover iemand die zo vastberaden op zijn eigen ondergang uit was. 'Zo stonden de zaken er dus voor, totdat zijn ouders schriftelijk protest aantekenden tegen de schorsing.'

'Wat de zaak gecompliceerd maakt,' zei Zwavelman, de scheikundeleraar, 'is de vraag of de jongen de derde keer werkelijk in overtreding was.'

'Hoe bedoelt u?' vroeg de rector, met nauwelijks verholen achterdocht in zijn stem.

'Wel, als ik goed geïnformeerd ben, is hij betrapt in de vensterbank van een lokaal, terwijl hij met zijn hoofd uit het raam hing.'

'Dat klopt,' beaamde Buitenoord, 'ik was degene die hem snapte en zijn eerste reactie was: ik rook niet in het gebouw maar erbuiten.'

'Nu gaat het er maar om,' zei Zwavelman, 'welk deel van zijn lichaam als het meest representatief voor de persoon Guido Maenhout moet worden beschouwd: zijn hoofd, of de rest van zijn lichaam.'

'Zijn hoofd natuurlijk,' riep de wiskundeleraar, Drievoet, 'dat is het brein, daar worden de beslissingen genomen, en bovendien vindt daar de handeling van het roken plaats.'

'Zonder het lichaam zou het hoofd niet existeren,' zei de classicus Hondius.

'Maar de rook verdween naar buiten,' wierp Zwavelman tegen, 'en verontreinigde niet de atmosfeer in het schoolgebouw.'

De twist, die hoog op dreigde te laaien, werd net op tijd beslecht door de natuurkundeleraar, die opmerkte dat de plaats waar men zich bevond gewoonlijk de plek was waar, door de aantrekkingskracht van de aarde, het gewicht van het lichaam rustte. Omdat in het onderhavige geval het lichaam op de vensterbank rustte en de vensterbank een onderdeel was van het schoolgebouw, kon men er in empirische zin niet omheen, dat dit een kwestie was van roken in de school, in plaats van erbuiten.

Daarna konden ze tot de kern komen. Moest de omstreden eindexamenkandidaat toegelaten worden tot de examens of niet?

'Als we hem weer tot de school toelaten scheppen we een precedent,' zei de secretaris.

Beverman, die tot dan toe gezwegen had maar het geharrewar over de plaats van de overtreding met schitterende oogjes gevolgd had, merkte op: 'Het is een prachtige kans om anderen een voorbeeld te stellen.'

De stem van Beverman wekte Barbara uit de verdoving, waaraan ze door de academische aanpak van het conflict ten prooi gevallen was. 'Maar de tol die de jongen betalen moet is te hoog,' zei ze scherp.

'Het is zonde van zo'n goede leerling'–Drievoet tikte met zijn pen op tafel–'hij is rijp om...'

'Een briljante leerling,' verbeterde Minnie Glasstra, die Engels gaf, hem.

'Van zo'n goede leerling,' herhaalde Drievoet, 'hij is rijp om de middelbare school te verlaten.'

'Het maakt niets uit of de leerling in kwestie goed is of zwak,' zei Beverman bits, 'ik zou zelfs zeggen: van een leerling, die zo goed bij de tijd is als hij, zou je toch verwachten dat hij weet dat hij met vuur speelt.'

'Het getuigt natuurlijk van een ongelooflijke brutaliteit om tot driemaal toe zo'n verbod te negeren,' zei Hondius.

'Ach,' zuchtte Minnie Glasstra, 'Guido is te individualistisch, te veel een minnaar van de vrijheid om zich aan al die regeltjes te kunnen houden.'

'Dit is een pleidooi voor anarchie, mevrouw,' antwoordde Hondius.

Minnie haalde haar schouders op. 'Het is eerder typerend voor de kunstenaar.'

'Kunstenaar?' vroeg Zwavelman.

'Hij gaat naar de toneelschool, heeft hij me verteld.'

'Zonde,' zei Zwavelman, 'zonde van zo'n goed stel hersens.'

'We dwalen af,' riep de rector.

'We kunnen hem toch niet gewoon examen laten doen,' zei Beverman, 'alsof er niets gebeurd is? Hem op z'n gemak stellen: ga zitten Guido, doe of je thuis bent Guido, wil je een sigaretje Guido...'

Geprikkeld en verontrust door Bevermans cynisme—had hij Guido toch gezien die ochtend op het balkon—barstte Barbara los: 'Is hij nog niet genoeg gestraft? Hij is al een paar weken thuis! Begrijpt u niet wat het is thuis te moeten zitten terwijl anderen examen doen? Het vooruitzicht een heel jaar te moeten overdoen, een jaar van je leven, niet uit onkunde, maar om zo iets onnozels als een sigaret?'

'Ik heb u wel eens anders gehoord over dit onderwerp,' glimlachte Beverman fijntjes.

'Dat is een flauwe afleidingsmanoeuvre om niet te hoeven antwoorden op mijn vraag!' Het treiterzieke lachje op het cherubijnengezicht bracht haar buiten zichzelf. 'U bent harteloos, ik kan het niet anders noemen!'

'Nou nou,' zei Beverman, gevaarlijk bedaard, 'u wordt wel erg emotioneel. Het lijkt wel of u uw eigen zoon verdedigt.' Hij kneep zijn ogen tot spleetjes en keek haar sluw aan.

Toen begreep Barbara dat Beverman wist waarover hij sprak. Ze kromp in elkaar en wendde zich verslagen tot de rector. 'Ik vraag alleen om consideratie,' zei ze hees.

Deze keek verbaasd van de een naar de ander, herstelde zich en zei kortaangebonden: 'Ik zie dat er maar één oplossing is: stemmen.'

Zo kwam het dat er ten slotte democratisch beslist werd over het lot van Guido Maenhout. Omdat de rector voorstander was van openheid, maakten de leden van de examencommissie hun mening bij handopsteken kenbaar. Ongelukkigerwijs was Barbara als laatste aan de beurt, waardoor het leek of haar stem de doorslag gaf in een einduitslag van zestien tegen vijftien.

8. Maart

De ochtend na het feest van de brugklassers schrok ze
zwetend wakker. Ze lag op haar zij en bleef in staat
van alarm in die houding liggen. Iemand had het gebogen uiteinde van een bisschoppelijke staf om haar
nek geslagen en haar met een ruk naar zich toe getrokken. Toen drong het tot haar door dat ze had liggen dromen.

Ze sloot haar ogen. Opnieuw stond ze in een
schaars verlichte zaal met een hoog, gewelfd plafond.
Ze droeg een ruw, harig kleed dat niet bruin en niet
grijs, maar grauw was en in haar huid prikte. Recht
tegenover haar stond een rij heren in paarse gewaden
met bijpassende mijters, waarop een geel kruis stond
afgebeeld. Zij knepen hun lippen afkeurend samen
tot een pruimemondje en keken haar beschuldigend
aan. 'Wat is het hier warm,' zei een van hen met een
Iwan Rebrow-stem die door het gewelf echode. 'Wat
is het hier warm,' vielen de anderen hem bij in Gre-
goriaans gezang. 'Wij weten wel hoe dat komt,' zei
de bas dreigend. Barbara herkende het cherubijnen-

hoofd van Beverman, dat helemaal niet bij het stem-
geluid paste. Beschuldigend drukte hij de punt van
zijn staf in haar buik. Hij voelde aan als een ijspegel.
Nu heb ik een gat in mijn buik, dacht ze, hij heeft
mijn navel uitgediept. Terwijl ze om zich heen keek
op zoek naar een vluchtweg, ontdekte ze een open
haard waarin een reusachtig vuur brandde. Een
schildknaap wakkerde met een rood-goud beschilder-
de blaasbalg het vuur aan. Toen hij achteruitweek om
het resultaat van zijn inspanningen in ogenschouw te
nemen, herkende ze Guido. Het vuur wierp een rode
gloed op zijn gezicht. Hij is mooi, dacht ze, maar
daarom hoeft hij het vuur nog niet zo hoog op te sto-
ken. Hou daarmee op, wilde ze roepen, maar haar
tong lag verlamd in haar mond. De hitte had haar nu
ook bereikt. Het was erg benauwd, ondanks het hoge
plafond. 'Het is haar schuld,' zei Beverman. 'Haar
schuld,' brulden de mijters. Ineens week het gezel-
schap uiteen voor een kleine gestalte in een wit uni-
form, die met rappe schreden naderbij kwam. Hij
droeg een zwarte steek, die hij even oplichtte om
zichzelf lucht te verschaffen. 'Il fait très chaud ici,'
pufte hij. Napoleon, dacht Barbara verheugd. Ondanks de penibele situatie waarin ze verkeerde, begreep ze heel goed dat het een geweldig voorrecht
was hem in levenden lijve te ontmoeten. 'C'est sa
faute,' herhaalde Beverman met een horribel accent.
'Omsingel haar,' gebood Napoleon. Beverman sloeg
het kromme uiteinde van zijn staf om haar nek en
trok haar naar zich toe. 'Je bent een heks,' zei hij met

een vriendelijke glimlach, 'je moet verbrand worden.' 'Verbrand worden, verbrand worden,' joelden zijn makkers opgetogen. Ze maakten sprongetjes van opwinding, waarbij ze zich met hun staf afzetten: 'Verbrand!'

Verdoofd door de angstaanjagende intensiteit van de droom bleef Barbara liggen. Langzaam drong Guido's aanwezigheid tot haar door. Ze lag met haar rug naar hem toe. De vorige avond bij haar thuiskomst lag hij in haar bed en sliep. Ze had neer staan kijken op het slapende gezicht, waaruit de eerste symptomen van mannelijkheid verdwenen leken. Zijn huid had de halfmatte gaafheid van die van een kind. Af en toe trilden zijn oogleden. De halfgeopende lippen leken verbazing uit te drukken over iets dat hij in zijn slaap zag. Zijn haar lag in een sierlijke krans rond zijn hoofd, alsof een schilder hem als model voor 'De slapende Endymion' had gekozen en alles zo geënsceneerd had. Hij was een geschenk, door een mirakel in haar bed terechtgekomen. Het kon niet anders of het zou slecht met haar aflopen, omdat ze het aanvaard had alsof het haar toekwam. Behoedzaam als een moeder die over een ziek kind waakt was ze naast hem geschoven. Maar terwijl ze naar zijn ademhaling luisterde, schoof voor het beeld van de slaper het gezicht van Beverman, zoals het zich aan haar had voorgedaan op het moment dat hij het dicht bij het hare had gebracht, zeggende: 'Wij tweeën...' Met deze woorden, gonzend in haar hoofd, was ze in slaap gevallen.

'Hoe was het feest?' vroeg Guido geeuwend. Hij schoof tegen haar aan en zoende haar in haar hals.

Ze ontspande zich. 'Ik was blij toen het afgelopen was.' Ze draaide zich om en kuste zijn oogleden, die gezwollen waren van het slapen. Een streep zonlicht, die tussen de gordijnen door viel, leek een wig tussen hen te drijven. Guido streelde haar lusteloos. Het was of hij zich ertoe verplicht voelde nu hij voor het eerst in zijn leven naast een vrouw ontwaakte. Zijn onbezieldheid sloeg op haar over. Haar nek, waarin de druk van de staf nog steeds voelbaar was, was stijf en verkrampt. Vandaar uit drong de stijfheid door tot in haar vingertoppen, die van rubber werden. Vingertoppen van rubber gleden over Guido's huid.

Ten slotte liet hij zich krachteloos op zijn rug vallen. 'Een sigaret,' kreunde hij. Hij stapte uit bed, schoot haar gewatteerde ochtendjas aan en liep zonder om te zien de andere kamer in.

Barbara keek naar de streep zonlicht tot het pijn deed aan haar ogen. Hij wil weg, dacht ze, hij voelt zich opgesloten. Er moet een eind komen aan de schorsing. Hij moet zijn ouders inlichten en ik moet de rector tot andere gedachten brengen. Die moet begrijpen dat dit een straf buiten proporties is: Guido verliest een jaar van zijn leven. Misschien neemt de toneelschool hem niet voor een tweede keer aan.

Maar tegelijk drong tot haar door waarom ze zich tot nu toe zonder protest bij zijn straf had neergelegd: wat gebeurde er als hij naar de toneelschool ging? Hij zou verhuizen, nieuwe vrienden krijgen, hij zou haar vergeten.

Er viel iets op de grond in de andere kamer. Ze spitste haar oren. Even later werden de balkondeuren aan de straatkant geopend. Zelfs het idee dat Guido, als een engel des verderfs, recht tegenover het schip van de kerk, in een roze gebloemde peignoir een sigaret stond te roken beurde haar niet op.

Ze probeerde zich een leven na hem voor te stellen. Bewees niet het feit dat ze de mogelijkheid opperde de bestaanbaarheid ervan? De mens kan niet iets bedenken dat niet bestaat, zei haar vader vroeger, en beschouwde dit als godsbewijs. Zou er ooit een dag komen waarop ze Guido vervloekte, omdat hij haar een zondag in haar leven tot in het paradijs had opgetild om haar daarna met een smak op aarde te laten terugvallen?

Terwijl ze zich op haar andere zij wierp ging de bel. Ze kneep haar ogen dicht en trok de dekens over zich heen. Opnieuw werd er gebeld, hard en nadrukkelijk.

'Je zult het niet geloven,' klonk Guido's stem, 'Beverman staat voor de deur.'

Ze sloeg de dekens een stukje terug. Guido stond aan haar voeteneind en keek haar verbaasd en geamuseerd aan.

'Heeft hij je gezien?'

Guido aarzelde. 'Hij keek vluchtig naar boven toen hij belde, maar ik geloof niet dat hij me zag.' In zijn stem klonken de spanning en hilariteit van een scholier die iets over het geheime leven van een docent heeft ontdekt. 'Hij ziet er niet uit: een knalrood trainingspak met witte biezen, en splinternieuwe, spierwitte sportschoenen!'

Waar zijzelf die ochtend gefaald had, scheen Beverman te zijn geslaagd: hij had Guido in een goed humeur gebracht.

Weer ging de bel, een dwingelanderige minuut lang. Barbara legde een vinger op haar lippen.

'Wat komt hij doen?' fluisterde Guido.

Als antwoord richtte ze zich op en trok hem naar zich toe. Hij verloor zijn evenwicht en viel over haar heen, waarna ze, onder een dekmantel van roze bloemen, eindelijk deden wat ze kort tevoren vergeefs hadden geprobeerd. De nabijheid van Beverman in sportkostuum, die nog drie pogingen ondernam om tot Barbara door te dringen, was een afrodisiacum zonder weerga.

9. Maart

Toen hij voor de tweede keer geschorst werd zocht Guido opnieuw zijn toevlucht in de kamer en suite van Barbara.

Opdat zijn ouders niets te weten zouden komen glipte hij 's morgens, wanneer zij naar school vertrok, haar woning binnen om 's middags, als ze thuiskwam, weer te vertrekken. Ze leken een mannetje en een vrouwtje in een weerhuisje. De illegale visite overdag veranderde niets aan zijn gewoonte om haar 's avonds te bezoeken.

Aanvankelijk was hij er zeker van dat zijn schorsing, net als de vorige keer, na enkele dagen zou worden opgeheven. Overdag studeerde hij met verdubbelde inzet om de lessen en onderdelen van het schoolonderzoek die hij misliep te compenseren. 's Avonds bedreven ze als vanouds de liefde in het ijzeren, met vergulde ornamenten opgesmukte ledikant, dat hen met zacht gekraak aanvuurde. In het behaaglijke goudgele schijnsel van een perkamenten lampekapje leek de slaapkamer een verlichte grot. De nuchtere buitenwereld, die mensen naar leeftijd en functie rangschikte, bestond niet langer.

Maar toen na een aantal dagen niets erop wees dat de school zich nog om hem bekommerde, sloeg Guido's ijver om in zijn tegendeel. 's Avonds hing hij, alsof zijn wervelkolom op drie plaatsen geknakt was, onderuit in een stoel en keek met uitgebluste ogen naar de bewegende beelden op het televisiescherm. Wanneer Barbara hem aanhaalde snauwde hij: 'Laat me met rust' en weerde haar af door met zijn schouder langs zijn oor te strijken.

Dan snelde ze naar de slaapkamer en ging voor de spiegel staan om te zoeken naar tekenen van plotseling verval. Soms scheen er ineens een kraaiepootje te zijn ontstaan of leken de lijnen rond haar mond scherper. Was het waar dat sexuele activiteit het verouderingsproces versnelde? Ze herinnerde zich uit haar schooljaren een oude non met een melkblanke, rimpelloze huid. Het samenleven met Christus moest gezonder zijn dan dat met een mens van vlees en bloed.

Af en toe maakte zijn lethargie haar zo zenuwachtig, dat ze een avondwandeling maakte door de uitgestorven straten, die glad waren van de opgevroren sneeuw. Waarom bleef hij elke avond komen? Om haar met zijn zelfverdiende lot te kwellen, alsof het allemaal haar schuld was?

Toch durfde ze de sombere gestalte, die met zijn slechte luim en zijn televisieprogramma's de hele kamer in beslag nam, niet tot de orde te roepen. Haar

correctiewerk deed ze in de slaapkamer, op de maho-
niehouten toilettafel tussen de cosmetica en de Franse parfums. Als ze opkeek van haar werk zag ze pal
voor zich haar eigen gezicht, verflenst en gespannen,
en vroeg ze zich af of ze ooit weer degene zou worden
die ze geweest was voordat ze Guido leerde kennen.
Maar wat haar tegelijk het meest ontmoedigde was
de wetenschap dat ze alles verkoos, het ergste wange-
drag, de verschrikkelijkste schandalen, boven een leven zonder hem.

Op een vrijdagavond liet ze hem alleen achter omdat
de brugklassers een feest gaven waarop de aanwezigheid van de leraren, in de hybridische hoedanigheid
van ordebewaker en gast, verplicht was. Datzelfde
weekend zou Guido voor het eerst bij haar blijven
slapen. Zijn ouders verwachtten logés; hij had hen
wijsgemaakt dat hij, in deze tijd van examens, niet
tegen de drukte kon en bij een vriend ging logeren.
    De school was veranderd in een bolwerk van licht
en lawaai. In de aula schetterden tophits. Een groot
deel van het vloeroppervlak werd in beslag genomen
door een doolhof van zwart landbouwplastic, dat over
de grond was uitgespreid en waardoorheen met be-
hulp van metalen bogen tunnels waren gespannen.
Vanuit de glanzende tunnels stegen, dwars door de
muziek heen, opgewonden kreten op. De klaslokalen
waren ingericht tot speelholen waarin uiteenlopende
spelletjes werden gedaan.
    In Barbara's lokaal was het opvallend rustig. Vier

groepjes leerlingen deden een quiz (Wie bouwde de Eiffeltoren?). Met haar rug tegen het bord sloeg Barbara hen gade. Terwijl de leerlingen bij elke vraag de hoofden bijeen staken om overleg te plegen, bleef Barbara zichzelf kwellen met vragen waar ze geen antwoord op wist.

Wat zou er gebeuren als het op een dag uitkwam dat ze een verstekeling verstopte, een leerling van deze school, in haar eigen huis? Als ze ontdekten dat het niet de Franse taal- en letterkunde, maar de geheimenissen van de liefde waren waaraan ze zich met hem overgaf. Aanvankelijk had het besef dat ze een taboe doorbrak haar opgewonden. Op de achtergrond aanwezig gaf het een extra dimensie aan hun verhouding, een fatale bekoorlijkheid, die zowel de fantasie als het geweten prikkelde. Hoewel de mogelijkheid dat alles uit zou lekken haar angst aanjoeg, kon ze er soms ook naar verlangen. Hierbij dacht ze aan een krantefoto, die ze eens had gezien, van een naakte man op het Binnenhof. Hij protesteerde tegen bezuinigingen op de uitkeringen met de in veelkleurige letters over een spandoek dansende klacht: Geen draad meer aan mijn lijf! De euforie, die zijn gezicht uitstraalde, deed vermoeden dat het in het openbaar, zonder schaamte, doorbreken van de zedelijke regels een wonderbaarlijk gevoel van vrijheid tot gevolg moest hebben. Maar haar aangeboren gewoonte zich aan te passen en nooit aanstoot te geven weerhield haar.

'Wie was de uitvinder van de boekdrukkunst?' werd er gevraagd.

'Laurens Janszoon Coster,' riepen twee groepen tegelijk. Er ontstond gekibbel over de vraag wie het eerst was geweest.

'Ik weet een oplossing,' riep Beverman, die net was binnengekomen en zich naast Barbara opstelde. 'Wie was zijn grote rivaal, wie was de man die er ook aanspraak op maakt de uitvinder te zijn?'

De wenkbrauwen werden gefronst. Binnen de groepen werd druk gefluisterd. Toen werd zichtbaar dat een van de groepen iemand in haar midden had, die het antwoord wist. Het golfde van de een naar de ander en stulpte er via de woordvoerder uit.

Terwijl de quiz alweer zijn loop vervolgde, zei Beverman tegen Barbara: 'De strijd tussen de Costerianen en de Gutenbergianen is bijna even hevig geweest als die tussen de Arminianen en de Gomaristen, en nooit beslecht. De ware toedracht zal wel altijd in nevelen gehuld blijven.'

Hij spuide zijn wijsheid met een hinderlijk aplomb.

'De veronderstelling dat hier sprake is van synchronisme spreekt me wel aan,' voegde hij eraan toe.

Wat wilde hij? Dacht hij dat ze onder de indruk was?

'Het ligt toch voor de hand,' zei hij, zich opdringerig tussen haar en de deelnemers plaatsend, 'dat op verschillende plaatsen in de wereld ongeveer gelijktijdig dezelfde uitvindingen worden gedaan. Zoals ver uiteen wonende stammen in de prehistorie onafhankelijk van elkaar vuur leerden maken. Het men-

61

selijk brein is voorgeprogrammeerd, het wacht alleen maar af tot de tijd rijp is.'

De roze moederskind-pafferigheid was zo dichtbij en rook zo ranzig, dat Barbara zich steeds verder tegen het bord aan drukte.

Er kwam een glimp van achterdocht in zijn ogen. 'Sorry,' zei hij, 'ik verveel je. Zo vergaat het mij nu altijd met aantrekkelijke vrouwen. Ik jaag ze op de vlucht met mijn uiteenzettingen. Maar ik heb er geen idee van wat ze dan wel interesseert. Vertel me eens, wat gaat er om in al die fraaie hoofdjes?'

Barbara wurmde zich tussen hem en het bord vandaan. Haar hart klopte in haar keel om het dédain dat in deze vraag besloten lag. Ze hoefde maar een woord te zeggen en ze zou in een uitzichtloze discussie belanden over de vraag of de vrouw gelijkwaardig was aan de man. Ze zou in de verdediging gedrongen worden en haar gevoel voor humor verliezen. Ineens kwam het vermoeden in haar op, dat hij haar op stang joeg omdat het de enige manier was waarop hij haar het hof kon maken.

'Het lijkt wel of u het over kinderen of zwakzinnigen heeft,' zei ze. 'Dacht u dat er zo weinig in de hoofden van vrouwen omgaat dat ik het u hier, tussen neus en lippen door, even zou kunnen vertellen? Kunt u mij… even… vertellen wat er in uw hoofd omgaat?'

'Nou nou, niet zo beledigd,' grijnsde hij.

'Tussen u en mij…' begon ze.

'Zeg toch Robert,' zei hij joviaal.

'Tussen u en mij… ik ben bang dat er werelden van onbegrip tussen ons liggen.' Ze loerde langs hem heen naar een gelegenheid om te ontsnappen.

'Vrouwen zijn veel aardser,' ging hij door, 'ze leven voor hun emoties en hun dagelijkse bezigheden. Enige neiging tot bespiegeling heb ik nog nooit bij ze bespeurd. De vrouwelijke filosofen zijn op één hand te tellen. Dat maakt het zo verdomde…'

Ze zag aan zijn ogen dat er achter haar rug iets gebeurde. Op hetzelfde ogenblik werd ze door twee leerlingen bij haar bovenarmen gepakt en de gang op getrokken.

'U bent nog niet in de doolhof geweest,' gierden ze, slap van het lachen. Achter haar trof Beverman hetzelfde lot, ze hoorde hem protesteren. In de aula duwden twee handen haar in de opening van de tunnel. Op handen en voeten kroop ze door het donker, telkens tegen het plastic stotend en met de adem van Beverman op haar schoenzolen. Boven de mollegang klonk, vervormd door luidsprekers van slechte kwaliteit, het lied 'I can't get no satisfaction'. Dwars daardoorheen scandeerden de leerlingen: 'Rozemeyer, Beverman, Rozemeyer, Beverman!' Ze dacht aan pelgrims die op handen en voeten naar het doel van hun bedevaart kropen; het was de nederigste vorm van je voortbewegen die er bestond. Het leek of er geen eind kwam aan het gangenstelsel. In een scherpe bocht voelde ze Bevermans hand rond haar enkel. Ze schudde met haar been, maar pas na een vrijpostige massage verslapte de greep van zijn vingers. Even later stootte ze met haar hoofd tegen een muur van plastic. Ze tastte beverig rond en merkte dat de gang doodliep. Het was helemaal geen doolhof, het was een val waar ze haar met Beverman opzettelijk in hadden laten lopen. Het was een idee van Beverman zelf, hij was het brein achter de attractie! Ze keerde zich snel om, om niet in de rug door de Minotaurus te worden aangevallen. Er gebeurde niets. Ze stak haar hand vooruit, bewoog hem heen en weer in een luchtledig en begon langzaam terug te kruipen. Er was niemand. Nog steeds verwachtend bij een enkel of een pols te worden gegrepen, ontwikkelde ze een zenuwachtige kruip-door-sluip-door gang zoals een kind, dat maar niet wil leren lopen, soms ter compensatie op handen en knieën rondsjeest. Toen er na de zoveelste bocht aan het eind van de tunnel licht gloorde, aarzelde ze. Wat wachtte haar daarbuiten? Een jouwende meute, die haar vol leedvermaak als een uitgerookte vos uit de opening zou zien kruipen? Binnen was het veiliger dan buiten. Maar waar was Beverman? Stel dat ik door een ongelukkig toeval, dacht ze, met hem zou zijn getrouwd geraakt. Zou ik dan, vanwege zijn nakomelingschap, voor het leven aan hem geklonken hebben gezeten en al zijn luimen moeten gedogen. (Ik beloof hem te dienen en te gehoorzamen, in voor- en in tegenspoed)? Had ik me dan van alles moeten laten welgevallen? Had hij me mogen betasten waar hij maar wilde met zijn dikke, roze vingers? Het besef dat dit alles gelukkig niet het geval was, luchtte haar zo geweldig op dat ze vanzelf

64

in de richting van de uitgang begon te kruipen en ten slotte, zonder een spoor van verlegenheid of schaamte, haar hoofd buiten de tunnel stak.

Knipperend tegen het licht zag ze het hoofd van Beverman, een vlasblond kransje rond de schedel, op zich af komen. Met een neerbuigende glimlach trok hij haar overeind.

De leerlingen hadden zich in een kring rond de uitgang verzameld. 'Wat bleef u lang weg, juf,' merkte een van hen op.

Barbara streek haar rok glad. 'Ik was de weg kwijt,' zei ze.

De ogen gingen nieuwsgierig van haar naar Beverman, maar toen er niets sensationeels te beleven viel haakten de brugklassers af. Barbara liep naar een geïmproviseerde bar in de hoek van de aula en bestelde een flesje Seven-up. Beverman volgde haar op de voet. Terwijl ze uit een plastic bekertje stonden te drinken vatte hij de draad van zijn betoog weer op. Opnieuw luchtte hij zijn hart over 'de vrouw', maar nu begreep ze dat hij het steeds over dezelfde had, de enige die hij kende: die hem geboren had doen worden, hem had gevoed, gekleed en grootgebracht. Het was bekend dat hij nog altijd bij zijn moeder woonde. Achter zijn rug werden er grapjes over gemaakt.

Ze knikte nu en dan op goed geluk, terwijl haar gedachten uitgingen naar Guido. Nu, met Beverman tegenover zich, hield ze meer van hem dan ooit. Zou hij, alleen in een leeg huis, overvallen worden door eenzaamheid? Zou hij verlangend uitzien naar haar

65

thuiskomst? Had hij misschien zelfs de televisie uit-gedaan?

'U heeft gelijk,' beaamde ze, toen Beverman stil-viel, 'maar waarom vertelt u dat allemaal aan mij? Ik ben ook maar een vrouw.'

'Ach,' zuchtte Beverman, hij liet zijn blik mismoe-dig over haar gestalte gaan, 'misschien helpt het, denk ik soms. Een mens blijft hopen.'

Hij nipte verongelijkt aan zijn bekertje, maar vatte daarna weer nieuwe moed.

Misschien ging Guido ervandoor. Dan zou haar huis bij thuiskomst donker en verlaten zijn. Paniek beving haar. Ze kreeg een opgeblazen gevoel in haar buik van de aanblik van Beverman. Zijn onaantrek-kelijkheid werd steeds schaamtelozer. Was hij nu maar gewoon lelijk, maar nee, er was in zijn gezicht niets dat je de schuld kon geven. Het was of schoon-heid en lelijkheid elkaar daar halverwege ontmoet en geneutraliseerd hadden, waarna een soort blanco, een negativum was overgebleven.

'Ik denk dat ik maar eens ga,' onderbrak ze hem, 'het feest zal zo wel afgelopen zijn.'

Zijn beduusde protest negerend haastte ze zich naar de garderobe.

Het was een verademing op de fiets in de frisse lucht te rijden. De wind voerde de zoete geur van pas ont-dooid gras met zich mee. Op een avond als deze, wan-neer ze door een uitgestorven stad fietste, leken uit alle windstreken beloften van vrijheid te komen. Deze gewaarwording werd ruw verstoord toen naast haar het glimmende herenrijwiel van Beverman verscheen.

'Dat is vragen om moeilijkheden,' zei hij, 'een vrouw op dit uur alleen op straat. Ik breng je wel even thuis.'

'Maar dat hoeft helemaal niet,' riep Barbara.

'Eigenwijze, overmoedige vrouwen moeten tegen zichzelf beschermd worden.'

Wie beschermde haar tegen hem?

'Fijn hè, zo te fietsen?' merkte hij na enige tijd op.

Haar zwijgen als instemming beschouwend, vervolgde hij: 'Ik fiets graag, vooral in het weekend.' Het laatste woord sprak hij op z'n Amerikaans uit. 'Dan fiets ik door de bossen de grens over. Daar weet ik een alleraardigst tentje, waar je voor een habbekrats een boterham kunt gebruiken. Heerlijk, even niks aan je kop.'

Hij sprak over zichzelf op de toon van een moeder, die opschept over haar kind: zo leuk, op zondag fietst hij helemaal alleen door de bossen, de grens over, om daar in z'n eentje te lunchen, eigenwijs hè?

Het bleef even stil. Zijn fiets maakte een vervelend zoefgeluid, alsof hij veel harder fietste dan hij deed.

'Behalve als het regent, of sneeuwt. Dan blijf ik thuis en trek met mijn tinnen soldaatjes te velde. Kijk, daar heb je de poolster.' Hij wees onvast met zijn ene hand. Zijn fiets begon te slingeren. 'De Stella Polaris.'

'Uw tinnen soldaatjes?' fluisterde Barbara.

'Ze zijn nog van mijn overgrootvader geweest, echte museumstukken. Ik speel de grote veldslagen na en analyseer ze. De slag bij Gaugamela bij voorbeeld, onder Alexander de Grote. Weet je wat een falanx is?'

'Een politieke partij in... Spanje?'

'Ook. Maar 't is oorspronkelijk een hermetisch gesloten slagorde. De voetknechten en ruiters vormen een ondoordringbare massa, waar de vijand moeilijk doorheen komt. Bij een scheve falanx valt de ene vleugel aan, terwijl de andere verdedigt. Zo heeft Alexander de Grote het Perzische Rijk veroverd.'

'En Napoleon?'

'De grote Bonaparte!' riep Beverman uit. Achter de p sprak hij een h uit, wat haar door de ziel sneed. 'Ook een geweldig strateeg. Zijn divisies bleven flexibel, speelden in op de situatie. Er werden wiggen in het front geslagen, of het werd omsingeld en geïsoleerd van de andere legeronderdelen door vernietiging van de verbindingen. De rest van het leger werd tot de laatste man achtervolgd. Ik ben in de verkeerde eeuw geboren.'

'Waarom?' vroeg ze.

'Er is nu niets meer aan. We hebben de bom, en alles is computergestuurd. Van een eerlijke, een briljante strijd is geen sprake meer.'

'Ik ben er,' zei Barbara.

'Wat jammer, ik begon er juist plezier in te krijgen.'

Ze stapte af en wilde haar fiets de stoep opduwen,

maar hij greep haar zadel en kwam met zijn voeten op de grond tot stilstand.

'Ik weet wat,' zei hij. Hij kwam met zijn gezicht zo dicht bij het hare, dat ze opnieuw zijn ranzige geur rook. 'Wij tweeën, wij gaan morgen samen fietsen.'

'Ik weet niet...' stamelde ze.

'Er is goed weer voorspeld. Rond koffietijd kom ik je halen, niet vergeten.' Hij liet haar zadel los.

'Maar...'

Hij hoorde haar niet, want hij rinkelde vol bravoure met zijn bel en fietste weg.

10. *Februari*

Later zou ze zich die winter herinneren als een onaf-
zienbare, besneeuwde vlakte. Midden in deze verla-
tenheid stond een iglo waar zij, als een brok ijs uit die
vlakte, in de warmte van een primitief vuur gesmol-
ten was en lichaam geworden.

Op eerste kerstdag begon het te sneeuwen waarna
de wereld, met korte tussenpozen van dooi en nieuwe
sneeuwval, wit bleef tot in maart. Guido kwam bijna
elke avond, maar bleef nooit slapen. Tegen zijn ouders zei hij, de zeldzame keren dat ze ernaar vroegen,
dat hij zich met een vriend voorbereidde op het examen. De ouders hadden weinig tijd; naast een baan
hadden ze ieder voor zich geheime verstrooiingen.

De toneelvoorstellingen werden schaarser. Ze waren vervangen door die ene voorstelling die overal en
altijd dezelfde is en toch telkens anders. Dat ze zich
nooit samen buiten de beslotenheid van haar twee
kamers konden vertonen deerde hen niet. Binnen die
vier muren ontdekten ze de caleidoscopische gedaan-
teverwisselingen van de liefde, die ze probeerden te

herhalen om zich ervan te overtuigen dat ze niet op verbeelding berustten. Ze putten zich uit, in een niet te stillen honger naar gewaarwordingen.

'Je hebt mooie ogen,' liet Guido zich een keer ontvallen, 'als je naar me kijkt.'

Barbara zag steeds iemand anders in hem. Soms stelde ze zich voor dat hij op Julien Sorel leek, de hartstochtelijke minnaar uit *Le rouge et le noir*. Een andere keer, als hij met precisie gekleed en subtiel geurend naar een reukwater van zijn vader in gedachten verzonken naast haar zat, deed hij haar denken aan Swann van Proust. Maar meestal was hij Chéri, de beeldschone, in zichzelf gekeerde, soms wrede en oppervlakkige Chéri.

Op een avond lag hij vermoeid naast haar, beroofd van zijn vitaliteit. Ze spraken over *La nausée* van Sartre, dat hij kort daarvoor gelezen had. Hij had veel herkend, zei hij, het gevoel van walging en zinloosheid week haast nooit van zijn zijde.

Barbara was verontwaardigd. Dit was een belediging van haar en van het leven zelf! Deze bekentenis moest voortkomen uit jeugdige dweepzucht, uit zijn neiging tot romantiek met een nihilistisch tintje.

'Het bestaan is niet zinloos,' zei ze fel, 'de liefde is de rechtvaardiging ervan.'

Guido haalde zijn schouders op. 'We worden geboren om te sterven,' zei hij mat, 'meer is er niet. Daarom spelen we het leven. We spelen het alsof we erin geloven.'

Barbara zweeg. Wat betekende zij dan voor hem?

Werd hij onder invloed van Sartre somberder, aan zijn verhouding met Barbara ontleende hij een nieuwe trots, waarmee hij de buitenwereld tartte.

Toen een surveillerende leraar Guido betrapte op roken in de gang, vlak bij het gymnastieklokaal, werd deze, meer nog dan door het vergrijp zelf, getroffen door Guido's hooghartigheid. Die zou hebben geroepen: 'De ene mens mag de andere zijn wil niet opleggen. Ieder mens is vrij! Zo'n verbod zegt mij niets! Overal wordt gerookt!'

Omdat hij al eens voor dezelfde overtreding was gerapporteerd, werd hij voor drie dagen geschorst. Gedurende schooltijd verborg hij zich in het huis van Barbara om ontdekking door zijn ouders te voorkomen. Ondanks zijn gebrekkige mededeelzaamheid begreep ze, dat het niet angst was die hem hiertoe dreef maar schaamte. Een woordenwisseling over het vergrijp durfde ze niet aan: hij zou bij haar weglopen en nooit meer terugkomen. De kans was toch al groot, dat hij op een dag aan haar ogen niet meer genoeg zou hebben, en tientallen, honderden, misschien wel duizenden ogen nodig zou hebben om te kunnen spelen dat hij leefde.

Op een middag trof ze hem bij thuiskomst voor de spiegel aan. Hij zag er opgewonden uit. Het was of hij in alle stilte, ten overstaan van een onzichtbaar publiek, een triomf had behaald.

'Ga zitten,' zei hij, 'ik laat je een fragment van Sartre zien, uit *De eerbiedige lichtekooi*.'

Hoewel ze, zo kort na schooltijd, behoefte had aan

rust ging ze gewillig zitten, de tas met correctiewerk op haar knieën.

Hij wiegde met zijn heupen als een vrouw, trok zijn hoofd tussen zijn schouders, hield zijn handen dichtgeknepen voor zijn kin, lachte knus en zei met een hoge stem: 'En toen deden we, dat we twee baby's waren, samen in één wieg. Dat weet je toch nog wel?'

Hij deed een stapje opzij, maakte een afwerend gebaar en zei met zijn eigen stem: 'Ik zeg dat je je smoel moet houden. Wat je 's nachts doet hoort bij de nacht. Daar praat je overdag niet over.'

De ander wierp het hoofd naar achteren en zei uitdagend: 'En als ik nou wel zin heb om erover te praten? Ik vond 't best leuk.'

'Zo dus jij vond 't best leuk,' zei hij dreigend. Hij stak zijn handen naar voren en streelde de imaginaire vrouw. De liefkozing eindigde in een klem om de hals. 'Dat vinden jullie altijd leuk, hè, 't idee dat je weer een man om je vinger hebt gewonden. Ik ben die nacht vergeten. Maar dan ook volkomen vergeten. Ik zie alleen die dancing nog voor me, da's alles. En de rest herinner jij je maar—jij alleen.'

'Wat doe je?' piepte een hoog stemmetje.

'Ik knijp je keel dicht,' zei hij laconiek.

'Je doet me pijn,' klaagde de ander.

'Jij alleen. Als ik nou 'n klein beetje harder kneep, zou er geen mens meer zijn, die zich deze nacht herinnert.' De handen ontspanden zich en vielen slap naar beneden. Guido boog ironisch naar zijn spiegelbeeld ten teken dat het afgelopen was en keerde zich om naar Barbara.

Zij drukte, onaangenaam getroffen, de tas tegen zich aan. Waarom had hij juist dit fragment eruit gelicht? Haatte hij haar? Vond hij dat ze zich aan hem had opgedrongen? Wilde hij haar kwijt?

'Nou?' Hij lachte onzeker om haar zwijgen. 'Wat vind je ervan?'

'Waarom heb je dit stukje gekozen?' zei ze zacht.

'Gewoon,' zei hij, 'het sprak me aan. Die man wil vergeten wat er die nacht gebeurd is, terwijl zij hem eraan blijft herinneren. Zij verbeeldt zich dat het betekenis heeft en dat ze reden heeft om trots te zijn. Ze verwacht een soort dankbaarheid, maar voor hem bestaat de nacht al niet meer. Hij leeft vooruit, zij achteruit.'

Kort nadat de schorsing was afgelopen bracht hij een roomkleurig porseleinen beeld voor haar mee. Het was een jonge ridder te paard die, de helm in de hand, onbevreesd de vijand tegemoet leek te trekken. Hij was gestileerd in lange, rijzige lijnen.

'Art deco,' zei Guido.

Hij had het gekocht in een van de antiekzaken waar ze dagelijks langs fietsten.

'Het is geen man, maar een vrouw,' zei Guido. 'Kijk maar hoe fijn het gezicht getekend is, hoe smal het figuurtje is.'

Ze veinsde enthousiasme en liet haar vingertoppen langs het beeld glijden.

75

'Volgens mij is het Jeanne d'Arc,' zei hij, 'op weg om Orléans te ontzetten.'

Ze wilde helemaal geen cadeau. Was het een inleiding tot een afscheid? Kocht hij haar ermee om? Hijzelf was het enige cadeau dat ze van hem wilde ontvangen.

'Ik heb haar gekocht vanwege de gelijkenis.' Guido's ogen gingen van het beeld naar haar gezicht en weer terug. 'Ze lijkt op jou, of jij lijkt op haar. Het enige verschil tussen jullie is dat zij de Franse koning behekste en jij mij.'

11. *December*

Hij bracht *La chatte* van Colette terug en leende nieuwe boeken van haar. Ondanks het eindexamen had hij tijd om te lezen. Tijd om haar korte passages voor te spelen. Hij had bericht ontvangen van de toneelschool dat hij, voorwaardelijk, was toegelaten. Alles wat hij las, proza, poëzie, vertaalde hij in toneel door korte fragmenten in scène te zetten.

In enkele maanden tijd bracht hij tientallen personages in haar huis. Het was of hij op zolder een verkleedkist had opengetrokken en zijn buurmeisje in verrukking bracht met zijn verschijn- en verdwijntrucs. Haar kamer, waarin de tijd had stilgestaan, dijde uit om al die verschillende persoonlijkheden, tijdperken, werelden te kunnen bevatten. Samen bespraken ze de karakters, de eigenaardigheden in menselijk gedrag, de gebaren, de gelaatsuitdrukkingen, de veinzerij, de misleiding. De valse opgewektheid waarachter droefheid schuilgaat. De geraffineerde charme die berekening verbergt.

Zat op school op zijn plaats nog steeds de onuitstaanbare, perfecte leerling, die het antwoord gaf dat de anderen schuldig bleven, thuis, in het rijk van de verbeelding, gingen ze vertrouwelijk met elkaar om, als Kay en Gerda in het sprookje van Andersen voordat de sneeuwkoningin het hart van Kay in een klomp ijs veranderde.

Zij hield niet op naar hem te kijken. Haar blik nestelde zich in de donkere holte tussen hals en haar, streek over het aandoenlijke dons op zijn bovenlip, omvatte zijn smalle polsen. Het leek of ze schoonheid moest inhalen voor al die jaren, dat ze deze niet gekend had.

Toen hij voor het eerst een sigaret opstak, bekende ze hem dat ze overgevoelig was voor rook. Daarna rookte hij tussendoor op het balkon. Dat zij op school de drijvende kracht was geweest achter de anti-rookcampagne wist hij niet en vertelde zij hem niet. Niet omdat ze zich er ineens voor schaamde, maar omdat ze nooit over de school spraken.

Op kerstavond vond Guido een pokerbeker met dobbelstenen erin op een boekenplank. Barbara was uitgenodigd de kerstdagen bij haar broer door te brengen; het spel was een van de cadeautjes die ze voor haar neefjes had gekocht. Behalve het blauwe vuur in de gashaard brandden er in de kamer alleen kaarsen.

'Laten we dobbelen,' zei Guido.

Hij ging op de grond zitten bij de haard en wierp de stenen uit het bekertje. Ze werden in hun val afgeremd door de hoge pool van het tapijt.

'Laten we dobbelen,' herhaalde hij. 'Wie wint krijgt een drankje. Heb je iets in huis?'

'Port,' zei ze. Hij trok zijn neus op. 'En rode wijn,' voegde ze eraan toe.

Ze aarzelde, maar haalde toen flessen en glazen en ging tegenover hem zitten, op een bil, haar benen gevouwen naast zich. Ze droeg een strakke, fluwelen rok met een paarse blouse, doorschijnend zwarte kousen met een kaarsrechte naad en smalle, hoge pumps. Al jaren kleedde ze zich zo, omdat ze meende dat er van een lerares Frans verwacht werd dat ze er als een Parisienne uitzag.

Terwijl ze, met een hand de opening van de beker bedekkend, de dobbelstenen schudde begonnen de kerkklokken te luiden. Ze hief haar hoofd op en luisterde. Het geluid vulde de kamer, het huis trilde. Er was niets vriendelijks aan de holle galm, niets uitnodigends, niets dat de gelovigen opriep: laat ons bidden, vannacht wordt Hij geboren. Het was een onheilsklok, een klok die riep: de wereld vergaat.

'Toe maar.' Guido knikte naar het bekertje.

Ze wierp. Vijven en zessen.

'Daar kom ik nooit boven,' zei hij.

Schudden, gooien, tellen, schudden, gooien, tellen. Het klokgelui stierf weg alsof het kerkgebouw zich langzaam achterwaarts verwijderde, zich terugtrok door de straat, de wijk, de stad uit.

Guido won. Hij trok de wijnfles open en schonk zichzelf in. Nu ontwaakte ook in haar de strijdlust. Ze rammelde met de beker, sprak de stenen toe, smeekte ze, verleidde ze. Dat hielp. Guido lachte zijn hoektanden bloot en schonk haar glas vol. Ze ging op beide knieën zitten, zette zich schrap met de punten van haar schoenen en keerde de beker met kracht om alsof ze een sprinkhaan ving met een jampot.

Hij won, zij won, hij won. Het leek of ze heen en weer gingen in een schommelbootje in de speeltuin. Nu eens ging hij omhoog, de wolken tegemoet, dan zij weer. Telkens schonken zij opnieuw in. Van lieverlede ging het er niet meer om wie won, waar wie het best tegen drank kon.

'Hebben we hier geen passende muziek bij?' vroeg Guido.

Barbara kwam moeizaam overeind. De kamer draaide voor haar ogen. De kaarsen bogen zich naar elkaar toe, hun lichtstralen liepen als in een bol door elkaar heen. Het leek of het gewicht van haar hoofd in haar benen was gezakt. Na lang treuzelen voor de kast met platen maakte ze een keuze die in overeenstemming was met de lichtheid in haar hoofd.

'Kerstliedjes,' giechelde ze, terwijl ze weer ging zitten. Een iele kinderstem zette 'Nu sijt wellecome' in.

'Christelijke liedjes bij een Germaans spel,' grinnikte Guido. Hij wierp de stenen met een baldadig elan op de vloer. Toen hij een dobbelsteen op zijn buik onder een kast vandaan moest halen stootte hij zijn glas om, waar nog een bodempje wijn in zat. Hij pakte de wijnfles en hield hem op ooghoogte. 'Op,' zuchtte hij, de fles boven het pokerbekertje omkerend. Pas op, wilde Barbara roepen, het is een cadeau-tje. Maar ze hield haar mond. Wat was, in de licht-heid van haar hoofd, het gewicht van een pokerbe-kertje?

'We moeten iets anders verzinnen,' zei Guido. Hij zette zijn mond aan het bekertje en deed of hij dronk. 'Ik weet wat'—zijn stem klonk gedempt—'wie verliest moet iets uittrekken.'

'Ja, wie verliest moet iets uittrekken,' herhaalde Barbara luchthartig, zoals ze dertig jaar eerder: Ja, la-ten we doktertje spelen, kon hebben gezegd.

'Hoe leit dit kindeke, hier in de kou...' zong het koor.

Het was een treurig, klaaglijk lied, een vreemde achtergrond voor de wending die het spel nam.

Barbara verloor. Verbaasd glimlachend liet ze haar ogen over haar kleren gaan. Toen ze opkeek lag er een uitdrukking van gespannen afwachting op Gui-do's gezicht. Ze weifelde en nam een slokje port. De zoetheid van de drank stelde haar gerust. Het was maar een spel. Met een snelle beweging deed ze haar smalle, gouden kettinkje af.

Het spel ging verder. Guido gespte zijn polshorlo-ge af, zij ook. Zij trok haar ene schoen uit, de andere, hij ook. Hij zong steeds harder met het koor mee, zijn stem forcerend tot een mannelijke bas.

Toen hij opnieuw verloor trok hij zijn overhemd uit. Ze staarde naar de magere jongensborst, de scha-duwen van de hoekige welvingen. Haar aandacht was niet langer bij het spel. Ze verloor haar strijdlust. Het leek of de dobbelstenen hierdoor beïnvloed werden. De ene slechte worp volgde op de andere. Vol schaamte stroopte ze haar kousen af. Het spel was, als een vat dat van een heuvel afrolt, niet meer te stoppen. Het was een toneelspel geworden waarin ook zij een rol speelde. In plaats van kleinzielig of bekrompen te reageren, moest ze haar rol met flair spelen. Toen ze haar blouse losknoopte en haar rok uittrok suste ze zichzelf: wat maakt het uit, een vrouw in bikini of een vrouw in ondergoed?

Langzamerhand herkregen de dobbelstenen de macht die ze bij de Germanen hadden bezeten: iemand alles waaraan hij hechtte afhandig te maken. De worpen leken in hun val te worden beïnvloed door een onzichtbare hand. Barbara schudde ze langdurig heen en weer, in de hoop dat haar wilskracht sterker zou zijn en hen in de juiste stand zou doen neerkomen. Maar het enige wat ze voelde was zwakte: wilde ze wel een goede worp?

In de volgende ronde verloor Guido. Hij ging staan, stapte uit zijn lange broek, vouwde hem zorgvuldig op en legde hem naast haar rok. Daarna ging hij weer zitten en hervatte het spel met onverwachte ernst. Barbara nipte zenuwachtig aan haar glas. Toen ze opnieuw verloor keek ze getroffen naar de stenen alsof haar vonnis geveld was. Op hetzelfde moment hield de muziek op. Het koor liet een rare stilte achter, die hun roes verstoorde en de hypnotiserende kracht van de stenen doorbrak.

Ze keek over haar schouder in de richting van de

platenspeler en zag zichzelf in de spiegel in haar wit kanten ondergoed. De aanblik wekte haar nieuwsgierigheid maar schokte haar ook. In een onhandige, bruuske beweging tastte ze naar haar kleren, waarbij ze met haar schouder tegen de arm van Guido stootte die in eenzelfde reflex naar zijn broek reikte. Door de botsing, de onverwachte aanraking van de huid, bleven hun handen geopend boven de kleren hangen. Zijn gezicht was vlak bij het hare. Het drong tot haar door dat ze, vanaf die dag in de herfst waarop hij haar de paraplu toestak, geweten had dat dit gezicht ooit zo dichtbij zou komen dat ze haar ogen zou moeten sluiten om het in z'n totaliteit te kunnen zien. Geen van beiden zei iets. Ze bogen hun hoofd—hun wangen gleden langs elkaar—totdat het op de schouder van de ander rustte. Zo bleven ze zitten, met gesloten ogen, de armen rond elkaars middel.

Het gas ruiste in de kachel. Onder de uiterlijke kalmte bonsde haar hart. Was dit het eindpunt van een enerverende wedren met dobbelstenen? Bevonden ze zich nog steeds in een toneelstuk? Was alles toegestaan zolang ze er allebei in bleven geloven dat het spel was? Ze moest goed oppassen: als ze uit haar rol viel zou ze hem verliezen.

Ze richtte zich op. Hij keek haar strak aan alsof dit het plechtigste ogenblik in zijn leven was, alsof er een noodzaak voor hem bestond haar, met wie hij dit deelde, in een eindeloze, vorsende blik te doorgronden. Zijn mond was in gespannen aandacht geopend. Niet bestand tegen dit onderzoek, waar iets van niets ontziende kinderlijke nieuwsgierigheid in school, wendde ze haar ogen af. Ze bleven op het stapeltje kleren rusten. Haar kousen slingerden lichtzinnig onder de ordentelijk gevouwen broek vandaan. Dat zijzelf, in die combinatie, het dynamische element was bemoedigde haar. In een opwelling van roekeloosheid drukte ze hem tegen zich aan en kuste hem op zijn wang, zijn voorhoofd, zijn mond. Toen ze ophield omdat hij haar liefkozingen willoos leek te ondergaan, fluisterde hij: 'Ga door.'

Langzaam helden ze naar opzij. Met haar vrije hand schoof ze de dobbelstenen weg van de plek waarop zijn lichaam neerkwam. Hij hield zich slapend. Wilde hij niets weten van wat er gebeurde? Wilde hij onschuldig blijven aan wat hem overkwam? Of was dit de vertolking van een jonge, van liefde bezwijmende aanbidder? Vol bewondering, maar niet zonder achterdocht streelde Barbara zijn lichaam, waar het blauwige schijnsel uit de kachel overheen viel. Hij was man en kind tegelijk. Haar wantrouwen maakte plaats voor vertedering om zijn volledige overgave. Ze onderdrukte het verlangen zijn sluimer op een brute manier te verstoren en bleef hem behoedzaam strelen, in hem alle mannen erend wier bestaan ze al die jaren van onverschilligheid had ontkend.

Toen ze haar hoofd op zijn borst legde en zich voorstelde dat ze zo, luisterend naar het kloppen van zijn hart, tot in lengte van dagen met hem zou willen blijven liggen, voelde ze onder zich het begin van

84

verzet. Hij richtte zich half op, keek haar in vervoering aan, en sloeg zijn armen om haar heen. Daarna rolde hij met haar over het tapijt, om en om als de dobbelstenen kort daarvoor, haar kussend en bijtend, met gretig nieuwsgierige handen haar lichaam knedend, haar ondergoed afstropend. Ze protesteerde en stribbelde tegen, maar hij drukte haar met onvermoede doortastendheid tegen de grond. Ze wist niet of ze wilde wat er gebeurde, of ze vernederd werd, of ze zich later de haren uit het hoofd zou rukken van spijt. Ze wist alleen, dat ze hem tot het laatst toe had onderschat: ze had een jongen die met glanzende ogen *Chéri* en *Le rouge et le noir* had uitgespeld, er scènes uit had nagespeeld, onderschat!

Daarna waren er geen gedachten meer. Hij drong bij haar binnen en trok haar mee een onbekende diepte in. Haar angst en schaamte versmolten met de vertedering en bewondering die ze voor hem voelde. Uit de opgeheven tegenstelling vloeide een ongekend genot voort, dat pijn deed maar erom smeekte te worden herhaald, en herhaald. Buiten begon het gebeier· van de klokken weer, er klonken stemmen op straat, en in een flits schoot het door haar heen dat dit een oproep was tot het bijwonen van de nachtmis, het feest van de maagd die onbevlekt ontving.

12. *Augustus-oktober*

Het nieuwe schooljaar begon in de nadagen van augustus, de tijd die wel het vijfde jaargetijde wordt genoemd omdat de groei van planten en bomen zijn hoogtepunt dan heeft bereikt en de natuur met ingehouden adem op de ommekeer wacht. Toen op een ochtend een eindexamenklas in de banken schoof en Barbara, een korte inventarisatie opmakend, haar ogen over de gezichten liet gaan, rustten ze een ogenblik op een jongen die van zo'n zeldzame schoonheid was, dat de vreemde gedachte bij haar opkwam dat hij het oorspronkelijk ontwerp van de mens zeer dicht moest benaderen. De jongen zelf scheen zijn schoonheid niet als een persoonlijke verdienste, maar als iets vanzelfsprekends te beschouwen. Evenals zijn klasgenoten monsterde hij, op zijn beurt, Barbara met koele nieuwsgierigheid.

Het was de eerste keer in haar leven dat het fenomeen mannelijke schoonheid haar trof. Ze had ongeschonden een huwelijk overleefd waarin het weliswaar nooit stormde, maar waarin ook nooit de zon scheen. Waarschijnlijk zou het tot haar dood vreugdeloos zijn voortgekabbeld als niet haar man, graficus bij een drukkerij, een zwak had gekregen voor een studente die daar met inpakwerkzaamheden haar vakantiegeld verdiende. Voordat het tot haar doordrong was hij uit haar leven verdwenen, geruisloos, met achterlating van een verzameling gegoten letters, een stoffig boekje over het ontstaan van de drukkerij met foto's van werknemers in hemdsmouwen achter ouderwetse, ijzeren drukpersen, en een vergeelde foto van zichzelf waarop duidelijk te zien was waarom het verschijnsel mannelijke schoonheid in haar leven nog nooit een rol had gespeeld. Ze wachtte geduldig op het verdriet dat ze in de loop der jaren om zich heen had gezien als vaste metgezel van echtscheiding, maar hoe lang ze ook wachtte, ze kon bij zichzelf geen ander gevoel bespeuren dan opluchting. Zo kwam het dat ze, toen ze even ver van de dertig als van de veertig verwijderd was, in feite nog maagd was op het gebied van de liefde.

Door de gebleken ondeugdelijkheid van het huwelijk en het onverwacht gunstige effect van de scheiding in één keer van haar angst voor verandering genezen, zocht en vond ze een nieuwe baan, in een stadje beneden de grote rivieren. Ze verhuisde met haar antieke meubels en snuisterijen, de portretten van Verlaine en Rimbaud en een verzameling boeken naar een tweekamerwoning boven een ijzerhandel in een negentiende-eeuwse wijk.

Terwijl velen, opgejaagd door de tijd, in een permanente competitie met de klok verwikkeld waren, had Barbara tot dan toe geleefd in de luxe van een minimaal tijdsbesef. Misschien hadden daarom, als bij mummificatie in het veen, de jaren van haar huwelijk geen sporen op haar lichaam nagelaten: nog altijd toonde de spiegel haar een meisje met donkerbruin pagehaar rond een ovaalvormig gezicht, met ogen die zo donker waren dat het leek of ze alleen uit pupil bestonden en een moedervlek die net te hoog zat om een tache de beauté te kunnen zijn.

De enige plek waar ze het bestaan van de klok niet kon ontkennen was de school, waar de lesuren werden afgebakend door het gezoem van de bel. Elk jaar opnieuw wachtte haar vlak voor de vakantie dezelfde pijnlijke verrassing: de eens tot haar oksels reikende kinderen, die ze met veel te grote boekentassen op school had zien aankomen, namen, volwassen geworden, op het podium in de aula hun diploma in ontvangst.

Een jaar later zou ze zich, in haar rouw om het vertrek van Guido, afvragen of het een kwade geest geweest was, die hem op haar pad had gebracht, en of deze daarmee misschien de bedoeling had gehad haar te straffen voor haar jarenlange ontkenning van de tijd.

Guido Maenhout bleek een begaafde leerling. Zijn vertalingen waren foutloos, zijn uitspraak was perfect, en zijn kennis van en inzicht in de literatuur waren verbazingwekkend. De rest van de klas luisterde fatalistisch wanneer hij als enige antwoord gaf op een vraag, in vloeiend Frans, met een zwaar aangezette dictie. Hij scheen behagen te scheppen in het geluid van zijn stem, die dieper was en van een donkerder timbre dan zijn tengere gestalte deed vermoeden.

Na enkele weken drong het tot haar door dat ze een hekel aan hem had. Hij was te mooi om waar te zijn. Hij vergiste zich nooit. Zijn haar viel in golven tot op de kraag van zijn jasje, dat perfect was van snit en toch niet te modieus. Hij knabbelde niet op zijn pen, pulkte niet aan zijn huid, krabde zich niet op het hoofd, spiekte niet. Zijn Frans was Franser dan dat van de Fransen. Zijn klasgenoten respecteerden hem, maar mochten hem niet. Zelfs de meisjes kwamen niet onder zijn bekoring: het leek of hij niet van vlees en bloed was, maar de personificatie van de perfecte leerling. Hij bewees dat de ideale leerling in werkelijkheid niet kon bestaan. Dat het niet de perfectie is waarvan we houden, maar juist de afwijking ervan—de fascinerende, de vertederende fout—een antiek beeld waarvan de armen zijn afgeknapt.

Op weg naar huis fietste ze door de straat met antiekwinkels en keek omhoog tussen de rood-gele kastanjebladeren door, alsof ze niet begreep waar de druppels die op haar gezicht vielen vandaan kwamen.

'Neemt u mijn paraplu,' zei een stem. Ze keek opzij en nam, verbluft, de paraplu aan die haar toegestoken werd. Naast haar fietste Guido Maenhout, zijn ogen half dichtknijpend tegen de regen. Zwijgend passeerden ze het marktplein; op het glimmende plaveisel braken de kooplui hun kraampjes af.

'Le rouge et le noir,' zei Guido, op haar donkerrode regenjas en de zwarte paraplu wijzend.

Ze lachte noodgedwongen. Godzijdank kleefde zijn haar wanneer het regende, net als bij andere stervelingen, in natte plukken op zijn voorhoofd.

'U heeft me verbaasd, vanmiddag.'

'O ja?'

'Omdat u *Chéri* en *La fin de Chéri* behandelde.'

'Waarom verbaast je dat?'

'Ons literatuurboek vermeldt Colette en passant, alsof ze niet de moeite waard is.'

'Heb je *Chéri* gelezen?'

Hij liet het stuur los, spreidde zijn armen en riep vol gespeelde geestdrift: 'O wat fijn, een parel voor bij het overhemd! een die een beetje roze is, ik weet al welke!'

Barbara schrok. 'Je kent het toch niet uit je hoofd?'

Zijn handen gingen weer naar het stuur. 'Sommige passages.'

Op de boekenlijsten stonden altijd dezelfde titels. Ze probeerde dit te doorbreken door af en toe boeken, die buiten het circuit vielen, te bespreken. *Chéri* was er daar een van.

'Hoe kwam je op het idee *Chéri* te lezen?'

'Mijn moeder gaf me de twee deeltjes, op mijn verjaardag.'

'Je moeder?' Ze zwenkte met haar stuur en prikte

hem bijna in zijn ogen met de paraplu. Ze verontschuldigde zich en hervond haar evenwicht.

'Moderne ouders,' zei hij. Hij keek haar melodramatisch aan, alsof het een kruis was dat hij vol inschikkelijkheid droeg.

Ze schoot in de lach. 'Ik dacht dat er alleen over de moderne jeugd werd geklaagd.'

Zo raakten zij, tussen het marktplein en het standbeeld, vertrouwd met elkaar. Hij fietste mee tot aan haar huis. De geschiedenis van Chéri had hem zo getroffen zei hij, dat hij meer van Colette wilde lezen.

'Je kunt *La chatte* van me lenen,' zei Barbara, 'als je even meeloopt naar boven.'

Ze zag een lichte aarzeling in zijn blik.

'Je hoeft niet bang te zijn hoor,' zei ze, 'ik ben Lea niet.'

Voor het eerst lachte ook hij. Hierbij openbaarde zich eindelijk de fascinerende, vertederende fout: zijn hoektanden waren onderontwikkeld, waardoor hij ineens een dwaze, ietwat hulpbehoevende aanblik bood.

De citaten uit Colette's *Chéri* en Sartre's *De eerbiedige lichte-kooi* zijn ontleend aan de vertaling van deze werken van respectievelijk Greetje van den Bergh—verschenen bij Em. Querido's Uitgeverij te Amsterdam—en Anna Koopman en Jan Teulings—verschenen bij De Bezige Bij te Amsterdam. De citaten uit het chanson 'Au suivant!' van Jacques Brel zijn ontleend aan de vertaling daarvan 'En wie volgt!' van Ernst van Altena, opgenomen in de bundel *Van Apollinaire tot Wedekind*, verschenen bij Agathon te Bussum.

Omslag: Renata Belina
Omslagontwerp: Nico Richter
Zetwerk en druk: Tulp, Zwolle
Bindwerk: De Haan, Zwolle

ISBN 90 70066 60 2

Van Tessa de Loo verschenen

De meisjes van de suikerwerkfabriek, verhalen
Meander, roman

The way I see it is if someone's grandparent dies, we always start with the 'I'm so sorry', but then we usually follow it up with 'How old was he?' or 'Was she ill?' I think that's because we are so much more comfortable with talking about death, with discussing the subject of someone's passing in that little bit more detail, as long as that death doesn't defy the natural order of things. Sadly, Teddy's does. A mother should never lose her baby before she loses her own life; that's not how it is meant to be. Teddy going before me defies the natural order of how we expect life to pan out – its unfathomable and unspeakable – and so we find ourselves shocked into submission when it comes to addressing it in everyday conversation.

For that reason, I usually find that 'I am so sorry' is swiftly followed up by a passing comment about the weather that week, just to fill the air with noise rather than us both suffer the weight of the awkwardness that hangs in the air so heavily. All the while I find myself feeling as though I needlessly gave a little piece of my heart, and of my motherhood, to a stranger who couldn't even find it in themselves to ask another detail about my son. I have no doubt that it will take some time before we are able to iron out these conversational creases that society has engrained into the fabric of our conversations. I know it will be a while before someone says 'So, why did he die?' or 'Was your pregnancy full term?' as a knee jerk reaction to the news that my baby died, but I feel as though we are getting there. Slowly.

I hope that if we are lucky enough to have more children that they will speak his name confidently, that they will tell their friends that they have a brother who isn't here, one who lives in their hearts and through them. I hope that society will come to accept that all families are not the 2.4 children, happily-ever-after vision that we carve out for ourselves at a young age (at least I did), and that sometimes the answer to 'Do you have any children?' can be a little more complex than we are expecting.

I think my ability to say Teddy's name more often and more openly in social situations and through writing about him definitely contributes to my way of parenting him without him physically being here. It's a funny one that, trying to be a parent, when your child isn't here for anyone to see. As I have said before, I won't let the lack of Teddy's physical presence from this world be a path to my motherhood, or Nico's fatherhood, being simply erased. We are first-time parents just like any others. OK, so we don't have the dirty nappies or the sleep deprivation, but we are learning to navigate a new path of the unknown.

We are trying to connect with other parents who have gone through the same and are also just making it up as they go along. We are still parents. I feel the need to parent him in every single little way that I can, and I hate to miss out on any opportunities of doing so; whether that is by raising money in his name, bringing him into conversation, or indeed going the whole hog (as my husband would probably argue, I always tend to do that!) and writing an entire book about Teddy. It makes me feel like I am mothering him, like I am still able to connect with him, and I think it helps me quash any of the feelings I have around the fact that I wasn't able to save him, that no one was.

I think for us all to become comfortable and confident in saying the names of babies and young children who have passed away, this has to come from the parents themselves; we are the guides in this situation. Society will never know what's 'wrong' and what's 'right' unless we help them to recognise it. I have found myself far more inclined in the second year since Teddy died to say to people when I think they have spoken out of turn, or to encourage them to be more vocal when asking questions about Teddy and my feelings surrounding his loss. I don't ever want people to think they can't ask me, just like I didn't want my friends to think they couldn't say his name in those early days after he died.

So far, the mechanics of how people have dealt with and spoken about his death have been entirely led by my husband and me. We have been open and in turn other people have started to become so too. I think there just needs to be more of this, from every parent who has lost a child, in order to keep the momentum going. If we don't say their names, then we risk being silenced and having their stories driven back into those dark corners of the internet. We risk a new generation being brought up to think that the conversation ends at 'I'm so sorry'. When it really, *really* doesn't have to.

Please, just say his name. I do, and I *love* to hear it.

Chapter 15

Is This Forever?

I'LL START THIS CHAPTER WITH COMPLETE HONESTY: I THINK THIS FEELING *IS* FOREVER IN MANY WAYS. That's not to say I think I'll always cry when I say Teddy's name – some days I can say it out loud without so much as a flicker or burn of a tear threatening to make an appearance. What I mean is, losing a child *does* change you forever. Of course it does, I think any of us would be mad to think it didn't. There are some things that can never be undone, the effects of the event never reversed, and feeling that pain is most definitely one of them. As I've said before, it defies the natural order of how our lives are 'supposed' to play out. For me, it magnified the fragility of life and showed the real possibility of death. I think that losing Teddy took away much of my naivety when thinking about pregnancy and childbirth, something I miss so much and feel I have been robbed of.

I used to look at pregnant women and think, *Wow, how exciting.* Now I look and generally make a little wish that she gets to bring that baby home. Mad? Probably, but that's just one example of how losing my son has changed me forever. Anyone who has only ever had a healthy pregnancy that resulted in the birth of a healthy child will fully expect that to be the case when she sees someone who is expecting. What about if your only experience of pregnancy and birth is now filled with sadness and loss? I find it so hard to look at anyone who is pregnant and not worry for them, and I think that worry is perfectly justifiable given what I have experienced.

I never want anyone else to feel that loss, and I am so fearful, now that I know the statistics of what *can* happen, that it *might* happen to someone else. I am well aware that this makes me sound like the angel of death, and I promise that this is not where I am going with this – I am just trying to explain how my mind has begun to work since losing Teddy. I am most definitely not a sceptical person, I never have been, but I look at things in such a different light now. It's like having your eyes opened to the fact that anything is possible, and not necessarily in a good way. Most days I wish I could give that knowledge back, I wish I could just see the world as I did before, and then life would become so much easier again. Then I remember that I am trying to be grateful for everything that this path has taught me, so I just give myself a stern talking to and carry on looking at the world through this new lens. . .

Even on my most positive days I often get brought back down to earth with a bump. It dawns on me that being cautious and much more quietly optimistic is my new outlook. I am ever hopeful that things will be better, because they can't be any worse. I know that I am not quite 'myself' anymore. I don't know where 'old me' is hanging out these days, but I do miss her. She was carefree, positive and always had something funny to say to brighten up the days of others who were struggling, even if she was prone to taking the piss a bit too often! All of my friends always knew me as a joker, someone who would think of something funny to say even in the most desperate of times (oh jeez, I sound as though I am writing my own obituary here!).

Some days I wake up and I feel a bit like her; I feel like I could maybe do a full day at my old job or go to a big event without so much as a single pang of anxiety or panic. Then there are the other days, the ones when I remember why I feel *so* different now. The days when I feel desperate and I miss Teddy so much that it consumes me. I think those days are getting fewer, and when they come they don't feel as heavy in many ways. It makes me think that, eventually, they might even fade away altogether. Those are also the days that make me feel close to Teddy, as the more time that passes and the further away from us those dates of his birth and death become, the more I find myself hopelessly searching for ways to feel as though he and I are still connected. Those days when the grief consumes me are the reminder that he was here, that we are indeed connected; and it would seem that I love and hate those days in equal measure.

I always try my hardest to think about the positive changes in myself since Teddy died. I look at ways to try and see how far I have progressed since those earliest and darkest days of grief and shock. Let's face it, I couldn't even face my friends then and I was scared of stepping out of the bloody front door, so I would say we have come on in leaps and bounds since then, wouldn't you? I think that when you don't look at the extremes in that way, it's easy to think you haven't made any progress when actually you have. I mean, it's not going to happen overnight, but it *will* happen.

I never want my reflection upon how my feelings are evolving as time goes on to be perceived as wallowing, and sometimes I fear they might be. For anyone reading who's not lost a child, a sibling or someone significant in their life who was taken from this world far too early, you might find it very difficult to understand why the pain of something like that takes so long to dull and has such a huge impact on every aspect of a person's life. If you do know someone who is suffering as a result of a loss like that, be mindful that they most likely won't be bouncing back to their 'old self' anytime soon. That's not because they don't want to (trust me, I really do), but it's just not that simple.

Almost a year after Teddy had died, my mum was asked by a family member if I was OK because I 'didn't seem myself'. I know eleven months had passed, but really, was I supposed to be my old, chirpy self, just eleven months after my son had *died*? I think Mum, who has lived through every breath of this pain with us, was just as dumbfounded by this question as I was. I know that she did her very best to explain what we are living through, and that some days just getting up and facing the world is a huge achievement for us.

It just got me thinking, *Is this what everyone expects?* Am I supposed to just miraculously recover from the death of my son and act as if he had never existed? Well I won't, I don't want to. Perhaps, for that reason alone, I *do* want this to be forever. I felt like I was in mourning for the old me – I began looking through photographs and my social media and longing to look that happy again. I stared at a photo of me and Nico on West Wittering beach that we had taken the day after we had found out we were expecting Teddy. The sun was beaming on a late September day and we both looked so blissfully happy. I studied the details of our faces and tried to think back to that day and exactly how it had felt. I tried to put myself in that position again and fill my mind with that much hope and optimism. For a second, I almost got a flicker, but then my next thought is always of Teddy.

I could see around me that everyone was moving on with their lives and yet I was desperately trying to wade slowly though a year of 'firsts'. That first year felt like the world had decided to turn especially slowly just for us. That year, that should have been filled with milestone cards, gurgles and weaning, was instead filled with the dread each time a 'first' was on the horizon. First Christmas, first Mother's Day, my first birthday without my son. (The previous year I had been smugly 36 weeks' pregnant and posing for a birthday photo on a lounger in a spa, proudly showing my bump and grinning like the Cheshire cat.) I felt like I wanted to disappear on my next birthday, and I think that was because mine is less than a month before Teddy's, and we were building up to a crescendo of events that led to that ultimate one-year mark. One whole year of being parents without a baby to show the world. One whole year of living in what felt like a parallel universe, which was strangely starting to feel like home, as the memory of what life was like before became exactly that: a memory.

Getting through that first year felt like running a marathon (not that I have ever actually run in one, but Nico has run a few, so you know, I'll take that one by proxy). It was such a hard slog. It felt never-ending, and when we did eventually get through it I wanted to set off a confetti cannon of relief and yet also felt like nothing had changed. After that year mark passed though, I did feel distinctly lighter. It was a bit like that day of Teddy's funeral when Nico had said to me that we had come through the worst of it, that that was the worst we were ever going to feel. That year had to be the worst, the most difficult. There couldn't be another year like that, because we had already done the first of everything; it had to get easier from hereon in. I suppose that your senses harden to it over time and you get used to the pain, so you feel it a little less, you wear it a little better.

I find myself always looking for people who are further into loss than I am – months ahead, years ahead – trying to see if I can view my future ahead of me. Will I feel like that? Are they feeling better than me? I think it is my way of finding hope; a hope that it gets better from hereon in. When I hear from a parent who has lost a child many years before us, and they tell me that they are still here and that they are surviving and feeling happy, it fills me with exactly that same feeling. This goes back to the time shortly after Teddy had died and I was endlessly searching through what felt like the entire internet for a blog or a thread (or in fact anything) that spoke to me, that wasn't telling me how bad it was in this moment but how I *was* going to survive. For me, connecting with families who are much further along in their loss than we are brings that same feeling of optimism – those better days lie ahead.

I suppose it's no different than when your children are young and they aren't sleeping through the night, and it's an endless cycle of nappies and night feeds and then you see someone with older children and it looks like it gets easier as time goes by! It's that natural instinct of wanting to look ahead and think, 'OK, it won't be like this forever.' New parents want time to slow down as they want to cherish the moments they have with their little ones, and in many ways I feel like that too. Time feels as though it moves slowly, but then I am only moving slowly away from those moments when Teddy was with us. The reality is, of course, that time is an utter turd and none of us have any control over how it continues to hurtle ever onwards... So as much as I want to keep close to Teddy, I have to find other ways in which to do so. I always keep those families in the forefront of my mind, the ones who tell me that it's 'Going to be OK', because I know they are right because they have lived to tell the tale.

I don't know if it's ever possible for the 'old me' to make her comeback, no matter how much time passes. Do you know something else? In many ways I'm not even sure I would want to be completely my old self now. When you strip away all of the negative effects that losing Teddy has had on me (the anxiety, fatigue, the feeling of loneliness, random bursts of floods of tears), there are the great ones too. I think that having Teddy has changed me and losing him changed me even further. I'm more cautious than ever before, more of a thinker than I have ever been, and less of a planner – I really think all of us could do with a little less planning now and again, and a little more spontaneity! I used to be short-tempered, I'd even say quite fiery, and I used to let the little things *really* get at me – they just don't anymore.

Yes, Teddy died, he's not here, but having him has made my heart feel fuller than ever before. Becoming a parent has made me feel a kind of love I knew nothing about, and we've had to learn to 'parent him' as best we can without him physically being here. Sometimes that comes from just talking about him or raising awareness about his illness. Sometimes it comes in the form of fundraising. Many days it is merely me sitting in his room and talking to him, reminding him how very loved he is by his entire family.

I often wonder if Teddy had lived would I have changed in as many positive ways? I mean, I know the negative changes wouldn't have existed, but what about the positive: would I have gained those if he were here? I'm definitely a better listener, a friend who gives better advice and I hope a better wife, sister and daughter. I am far less judgemental, and I think more about what other people might be going through.

When we were trying for Teddy and I was so desperate to be pregnant, every pregnant person I saw immediately got under my skin, every social media announcement made me want to hurl my phone into another room. Since having Teddy and losing him, when I see a pregnant lady or someone with a pram I find myself looking at them and wondering. How long did it take her to get there? Has she had a miscarriage, or maybe even more than one? Did she have a long road of fertility treatment to get that baby in front of her? The chances are that 'no' might be the answer to all of those (we all know those fortunate women who seemed to be able to pop out babies as easily as shelling peas), but what if the answer to one of those is 'yes'? Who am I to judge someone else's situation simply by looking at them? I often wonder if I'd have thought that carefully about things if Teddy had been here. I doubt I'd have had time to.

Since becoming a mother I am somewhat of an emotional wreck, like many of us. I cry at an advert, at an episode of [insert name of *any* programme here] – I can't seem to help myself! It's as if I used to worry about letting those tears go, and now I have absolutely no inhibitions at all when it comes to having a good old cry. In fact, I usually feel a million times better when I do so I just let them flow freely. I know that happens to so many people after having children, but having Teddy and then losing him seems to have left me with a new-found vulnerability when it comes to my emotions. It's not uncommon for me to burst into tears, and it can take me by surprise (and it usually does). It probably worries some people or makes them think I am not dealing with losing Teddy, but for me I think it shows that I am not scared of those emotions and I don't mind who sees me crying. Sometimes there are also happy tears!

I know that as time passes, more people will begin to expect us to get back to our 'old selves', but I'm not sure how I go about telling them that's not going to happen. It sounds a little harsh. Even now I find myself answering the question, 'So, how are you feeling *now*?' –usually with emphasis on the word now being indicative of the amount of time that has passed since Teddy was born. Am I expected to have miraculously recovered and say, 'Oh yeah, that, I'm over it'? Wishful thinking on everyone's part, I think. I am really not sure what people expect me to say! Do I just tell the truth and respond with, 'My son died, and

I still think about him every day.' I mean, talk about killing the mood (again). I think that people need to hear that you're 'OK' and that you're coping, just so that they can feel a little better that they've been able to move on, even though they know that you will never. Sometimes I feel pressure to be happy or to just lie and say 'I'm fine'. (So British, no matter what the question is.) Then other days I feel the urge to remind people that the loss is still very much present in our lives, and always will be.

Teddy will always be our firstborn child, the one who didn't get to come home. No matter what happens, nothing changes that. No matter what changes as we move forward, one more child or *ten* more children, there will always be one missing. One less person around the dinner table, one less pair of wellies by the back door, one less 'Mum' being shouted as these metaphorical future children argue over the TV remote (or iPad, or whatever it is siblings will inevitably fight over in the next decade). *Always* one less. But he will always be loved and talked about, and we will carry his memory with us always too.

The 'new me' has learned to talk about him more confidently now, honour his memory in the ways she sees fit, and raise funds for other children in his name.

She is trying each day, not to be her old self, but to learn to love this new version; the one that has learned so much from these past two years. And do you know something? I think I'm starting to quite like her. . .

Chapter 16

Knowing
My Limits

I OFTEN WONDER WHETHER I SHOULD JUST START EVERY CONVERSATION WITH A STRANGER WITH, 'HI, I'M ELLE. My son Teddy died.' I mean, it might make things easier, right? You would get it 'out there' straight away, without it lurking in the back of your mind or waiting for the moment that person asked the inescapable question that means you just have to spill the truth and hope they won't run away for fear of having upset you. The truth is, I *can* talk about it now, I can say his name to strangers; I have made myself well practised at this art (without always bursting into tears too!). I also hope that I can talk about it in a way that makes the person listening begin to understand a little about the life you find yourself catapulted into after the loss of a child, and make them feel less afraid to ask more questions. After all, Teddy is my son, and I do want to talk about him.

In the early days, I can remember telling Nico that it was a bit like pinching yourself to feel the pain, to realise the reality of your circumstances. I felt as though if I purposefully did things and said aloud 'Teddy died', the pain of doing so would allow my subconscious to catch up on what had happened and thus allow each time to become that little bit easier. As I have said, initially I couldn't write those two words together, but I can now. In many ways I suppose I was right, it did seem easier the more I was brave enough to say it aloud; but the pain, the dull ache of emptiness, remains the same. How is this? I mean, surely if I just kept saying it, it wouldn't upset me, right? Wrong. I'll be the first to admit I was wrong. Yes, I can say it without physically bursting into tears, but the hollow feeling, the lurching of my stomach that tells my head and heart that something went so incredibly wrong remains very much intact. I am not sure if that will fade.

It's because of these feelings that I have learned to manage my limits when it comes to daily life and the events that inevitably occur along the way. Meeting new people, seeing old friends (the ones you haven't made time for since you were the 'old you' but you will have to see eventually), navigating events such as weddings and parties; all of these things have changed for me. I want to share a little about what I have learned along the way since Teddy died; from the early days, to the here and now.

These days, I tend to focus my energy and tactical planning on the bigger occasions. However, in the beginning, in the immediate weeks and months that followed his death, it was even the simplest of tasks that commanded my attention in order to find the best way to approach them. I read in, I think, a Sands leaflet, not long after Teddy had died, that often when people lose a newborn baby they start to shop in a different supermarket for fear of bumping into someone they know, or encountering a situation that reminds them of their pregnancy. This sounded mad when I read it, but began to ring entirely true to how my behaviour was changing. I did indeed change where I shopped; mainly for the fear of the chatty checkout ladies in our local Waitrose who had wanted to talk to me about my pregnancy throughout. How far gone was I? Boy or girl? Due date? Was it my first? (You know how it goes, all of the questions that complete strangers feel compelled to ask when you are sporting a bump.) I was of course initially over the moon to share the details of my anticipated arrival and engaged in conversation with each of them every time I shopped, but now the thought of stepping back into that supermarket made me feel physically sick.

When I think about it now, perhaps they wouldn't have even recognised me. What if they had, though? What if, on the one occasion I had stepped foot in there and dared to go ahead with trying to be the 'old me', that someone had politely and excitedly asked me if I had had my baby yet? There would be nowhere to hide and that thought terrified me; so up the road to Sainsbury's I went, seeking anonymity in the aisles.

It wasn't just the weekly shop that needed ninja style organisational skills to navigate in those early weeks. There were also daily dog walks to think about. Boris helped me so much during my recovery after Teddy died. He was my reason to leave the house, whether I liked it or not. Most days the thought of leaving the house filled me with absolute dread, so I would find myself mentally gearing up to it. All the while Boris would be trotting around my ankles looking up at me in the anticipation that we would indeed embark on our daily walk – there is nothing like a needy pug to give you the guilt trip you need to make sure you do something! I began to plan our walks early morning or late in the evening. Luckily as Teddy was born in May we were well into late spring and heading for the summer months, so both the mornings and evenings were conveniently light. I wore sunglasses at every opportunity on these walks (or indeed when leaving the house). This was for two reasons:

1) I felt as though I was disguising myself from the world.
2) If I did happen to bump into anyone then I could easily burst into tears behind them and the chance of them knowing the full extent of my upset was softened slightly. I felt it would be, anyway.

I can recall many walks when I did indeed bump into those friendly neighbours or people I had met when out with Boris when I was pregnant. These were the 'first encounters', and unlike the ones with friends that had been planned and navigated in a way to create the least awkwardness for both them and for me, these chance meetings with acquaintances were particularly tricky and upsetting to manage. Many chose to ignore that I was no longer the size of a small village, and as they didn't mention it, neither did I. Looking back, they must have known something had gone terribly wrong and had just chosen in that moment not to say anything for fear of upsetting me; or perhaps they just thought I had left my newborn baby at home with my husband when I walked the dog? It does seem strange not to mention it at all, but what I have learned is that human nature can be quite strange and shock does very odd things to people.

Of course, there were also the people who came hurriedly towards me with a beaming smile and a 'Soooo, what did you have?' only to be greeted by my dead-pan face and quivering lip before I either plucked up the courage to blurt out what had happened to Teddy, or (and this second version of events often happened) I opened my mouth to speak and no noise came out, not a peep. Instead I would just cry and stutter and they would get the gist before apologising (probably wishing the ground would just swallow them up even more than I wish it would me in that moment) and be on their way pretty quickly. Yep, nothing kills a conversation more than that topic, I can tell you.

I began carrying around a sense of guilt that my notso-happy news would darken people's days. More and more I tried to walk Boris in new places or at quieter times. It was less risky and meant I could use the time to actually clear my mind, look around me, and start to be in each moment again without the guilt being wrapped around me like a blanket of shame.

I found new and exciting ways to seek anonymity. My lovely yoga instructor had been so supportive in the weeks that followed Teddy's death, and she gently encouraged me to return to a midweek, morning class, as most of its group members were older or middle aged, perhaps retired even. Other than the pleasantries exchanged at the start of each class there was no in-depth conversation, no 'So what do *you* do?' To this day, two years later, there are now only a handful of them who have discovered my blog and know about Teddy. The others don't know what I *do* or what my life is about, and I likewise for them. For the moment, it is just easier this way, as it enables me to feel safe and to feel no pressure or expectation in that environment. To feel fully as though I can enjoy the class without being 'the lady whose baby died'; instead I'm just Elle.

It's the little things like this that have enabled me to regain a sense of normality and a sense of myself, and I am not quite ready to be deprived of that just yet. Who knows, maybe one day I'll march in to class wearing a self-styled T-shirt that reads 'I'm Elle, my son died' and hand them a signed copy of this book. I doubt it, but the thought does make me smile. I have come to be very thankful for those classes, for the sanctuary they have provided, the strength they have given me and the way in which I was able to do something for myself again. They were the first real step to my new outlook, my new regime of self-care and self-preservation; the first real part of the 'new me' that I actually liked.

These early experiences were the foundation upon which I based my own theory about knowing my limits with what I could and couldn't navigate. Of course, in the early weeks we barely did anything; in the months that followed I think we had one social occasion (with our very closest friends, of which more later) in the calendar, and as the months crept on a few more things started to filter in. I couldn't plan ahead, it just wasn't a possibility for me; I had to take each day as it came. In many ways that is still true now. I used to relish making plans, having lots of things to look forward to in the calendar. After Teddy died I can remember people saying, 'Why don't you just get away from it all and go on an amazing holiday?'

I can just remember thinking, *why* would we want

to waste money going to a beautiful location just to sit and be miserable there instead of doing that at home? There wasn't any 'cheering up' that was going to happen, there was no miracle fix; most certainly not with a beach and a bit of vitamin D. Our impromptu mini-break to Cornwall had proven that this was going to take huge amounts of time, and I didn't want to rush it or end up creating a holiday of miserable memories where we just sat staring at each other's miserable faces. We made a promise to ourselves that when we began to find happiness again, we would go somewhere lovely on holiday, somewhere we could both enjoy and look forward to making some happy memories. For the moment, I just take things day-to-day most of the time, and that suits me just fine.

I find that some people are less understanding of the time that all of this has taken (is *still* taking) and of course there are the ones that will never 'get it', but there are always the friends that do. The wonderful friends that are with us on this ride to the new normal and who understand completely that these things take time. I love the fact that our friends haven't given up on us – not quite yet, at least! They still make sure that they invite us to everything, and always did, even in the early months. I can remember one of our good friends saying to me, 'Elle, I'll always invite you, even when I know you can't come yet. One day though you might feel like it and that will be lovely.' It's attitudes like that that enabled us to go at our own pace and have allowed me to have weeks when I can socialise and weeks when I can't.

Luckily, I can say now as I sit and write this chapter nearly two years after losing Teddy, that those good weeks where I *can* do things are starting to become much more frequent. I still get the days where I push myself too hard, do too much, or something that is out of my comfort zone again, and I always pay for it. I have just learned that if I do that then I need to give myself some recovery time, some quiet days at home that allow me to heal again. The crippling anxiety that I suffered from in the weeks that followed Teddy's death has softened now, but like much anxiety brought on by grief, it has led me to a new way of managing my activities and emotions so as to ensure that it never comes back like that.

Once the day-to-day tasks are out of the way and you've got first meetings, arranged or by chance, out of the way, you're just left with the big stuff, the 'events' in life. The big things in life still absolutely terrify me. If we have a party or a wedding coming up, then I know I need to allow myself lots of days at home in the lead-up to the event in order to feel strong and capable enough to face it. Weddings are the most difficult – seeing all the people you know, talking to the ones you don't. Bracing myself for the 'So, do you have any children?' question and then wanting to run and hide. Luckily, most we have been to so far have been relatively pain free, and again our friends who have invited us have been really mindful of positioning us among the people we know and who don't need to ask questions.

I have also managed one christening since losing Teddy – my best friend's son, to whom I was godmother. This was the event just three months after Teddy died, and I will be the first to say that I think it was too much for me to handle, too soon. Stepping into the church brought me to tears, talking to people had the very same effect. When the christening service was over I just sat in the pew and crumpled into tears; physically shaking with pain. It all felt so, so unfair; knowing that this would never be happening for Teddy. His one occasion in front of his family at the front of the church was both his first and last – his funeral service.

Of course, lots of people might be reading this and thinking 'Why on earth would you put yourself through the pain of a christening?' Well, my best friend had asked me to be a godmother shortly after her son was born, at the end of 2015. I was about 16 weeks' pregnant with Teddy and filled with the joy and excitement that any expectant mother should be. We chatted about how lovely it would be for them both to be so close in age (we didn't find out that Teddy was a boy, but that would have been pretty bloody perfect in hindsight if they had grown up together). Anyway, obviously I agreed – she is my best friend and it was a huge honour. After Teddy died she told me that I didn't have to be godmother if I wasn't up to it, or that they could always move the christening if it wasn't the right time.

My thoughts at that point were that there would *never* be a right time for me. Going to a christening or becoming a godparent to a young baby would always be painful for me, especially if I thought about it long enough in relation to the loss of our son. So I told her that I wanted to go ahead and do it; to be there for her, just as she had been there for me in recent months.

I am glad that I did. It was the first thing I did after Teddy died that I can honestly say I did for someone else, and didn't run away from the pain. Strangely it made me feel stronger and more capable to push myself to do more in the months that followed. It was a baptism for everyone else in that room, but a baptism of fire back into the real world for me. Once it was done it was done; and I felt better for it.

Now, I understand that this may not be the right approach for everyone, and I would hate to think of someone causing themselves unnecessary pain or suffering by thinking they must do the same; but it worked for me. I always find the build-up much worse than the actual occasion. Once I am there, at an occasion, I now find that I am OK. I think that's a case of having got all of the 'firsts' out of the way, the very painful events are over; so for me everything seems to have got much easier from there on in.

By 2017 I started to get into the swing of managing the social side of life again much better. Saying yes when I could, and no when I had to. My husband and I still get invites and say to each other, 'Do you think we can?' I am not sure how long that will last, perhaps forever. I have found myself getting much better at social events too, being more 'me' and less of a worrier about what might be said (or not said, it works both ways!). I'm also not scared to have a glass of wine these days; to kick back and actually try to enjoy life again. There was a time in the early months after Teddy died that this was very much not the case. I was riddled with guilt; and it's a guilt I definitely still carry with me now, although it has softened a little. Now this is a bit like the 'mum guilt' I read and hear mummy bloggers speaking about. You know, the one where they carry this constant layer of guilt on top of everything they do; because they are working, not working, doing too much of something, not doing enough of something – you know how it goes. I know from friends who have children that it's a very real emotion indeed. My 'mum guilt' is very different; and I think it's been there constantly since I embarked on my mission of attempting to get back into the swing of 'normal' (I hate that word) life. I feel *guilty* that I am happy, guilty that I am laughing, *guilty* that I am getting up and attempting to get on with my life, *guilty* that we want another baby, and ultimately *guilty* that it's all done without Teddy.

I've said so often that 'life goes on', whether we like it or not. The way I see it is, I had a choice: to 'Choose Life' (Yes, George!) again, or to simply shut the world out and sit in a darkened room reflecting for eternity on how cruel life had chosen to be to us. I can tell you that, as much as the early days of grief had beckoned me to do the latter, I decided I wasn't going to shut the world out; not ever. As I now try to stay true to that way of thinking, the guilt still engulfs me very often. I'm not sure if it will ever leave (I mean, I wish it would just piss off), or if this is just my life now? Can you feel guilty *forever*? Will I end my life feeling guilty that I lived the rest of my years out without Teddy and I actually enjoyed things and learned to laugh a few times along the way? I really, *really* hope not. For now, I have learned to live with the guilt, to simply manage and approach it, as I do with my anxiety. To try to understand *why* it's there and what the things are that might help to ease it a little and make me feel a little less, well, guilty I suppose.

One of the biggest changes I have made in my life since Teddy died up until this very day was get my work/life balance right. My ability to get up and go to work each day changed, completely – I just couldn't – and so I didn't.

Some days I *can* do it; I can get up, be an adult, do life, endure situations that are stressful and I don't so much as flinch at any of it. Other days... well other days I just about manage to take Boris on a walk at the beginning or end of the day in the quietest of locations. Those days, the ones where grief engulfs your being and pulls you down from your usual 'happy place', those are the days that wouldn't make doing my old job possible. How do you call your boss and say 'Sorry, I can't do life today'? I couldn't do that; it's not fair on me or on the company I worked for. I didn't want to be that person.

I believe (and yes, this is an absolute ton of cheese coming your way) the saying 'You are only one decision away from a completely different life' to be entirely true. If I hadn't decided at the start of 2017 that I would not be returning to my job, then undoubtedly I wouldn't have started to share my experiences with others by writing a blog. In turn I wouldn't have been afforded the opportunity to write guest posts on the established and brilliant blogs that I have done, and I most certainly wouldn't have been given the opportunity to write this book.

So yes, you *are* only one decision away from a completely, and utterly, different life. This isn't the life that I would have planned by any stretch of the imagination, but it is where I find myself now. All of these new adaptations I have made in my life are to be kinder to myself, and to make dealing with the reality of life after loss a little less painful. There are things

I am still yet to encounter too, and when I do I shall do my utmost to take those in my stride and navigate each event.

For me, the main thing I take away from everything since losing Teddy is that we are all *so* different. Much like that first encounter I had with the bereavement midwife, when I realised I was being expected to behave and to grieve in a certain way and I knew that wasn't *my* way. Just like my experiences in this chapter may not be the way that others choose to adapt after experiencing a loss. Making changes to help ourselves find a new way forward in our lives is so important after loss, however we might choose to do it. This is my motherhood, and I'm embracing it.

Chapter 17

Learning to Live Again

WHEN YOU ARE IN THE DEPTHS OF GRIEF YOU WISH THAT SOMEONE WOULD JUST COME AND PULL YOU UP FOR AIR; JUST A MOMENT'S RESPITE FROM THAT HEAVY, SUFFOCATING FEELING THAT TAKES OVER YOUR LIFE. That usually comes in the form of laughter or distraction; for me, in the early days, it was being able to laugh with friends and just 'be me' without the pressure of being the girl whose baby had just died. I wanted to laugh, to joke as I always had done, without being judged or it being assumed that I had 'got over it'. I wanted to just feel free for a moment. That grief, that all-encompassing powerful loss, is never further than a thought away, so you may as well just escape it in the small moments you can manage to, and fully embrace those moments.

It is now almost two years since losing Teddy. One of the things I have found we all seem to have in common when we experience the loss of a baby is that desire to 'feel better'. A number of women have written to me who have recently experienced the loss of a child, to simply ask, 'How did you do it? How did you start to feel happy again?' Lots of them want to know when it will happen for them, or what the magic formula is to find something that resembles their old life, the one before the heartbreak. I never pretend to have the answer, and I always tell people that we all grieve and recover differently. I do believe, however, that we are born with a certain amount of resolve as individuals and that some of us have the power to use our positivity in a time of darkness and helplessness to help ourselves overcome it. I count myself as incredibly lucky that I seem to have gained an abundance of both resolve and a positive mindset from my parents. Whether this was a case of nurture over nature, I am not quite sure. Nico is the same, and we knew that losing Teddy wasn't going to beat us. We knew we had to help ourselves to recover from this.

YOGA

I have already talked about how helpful I found yoga in the months after Teddy died. I still practise at home several times a week and attend classes. It has given me strength and positivity, eased my anxiety, and allowed me to start getting my usual confidence back. Yoga is great for fertility too – I didn't even know that when we had been trying for Teddy.

There are so many things I want to tell you about how much yoga helped me, but I am no expert. I know that it made me feel better, but I don't necessarily know why. I know that it made me feel more able to cope with the everyday things that life threw my way, but again, I am not sure how. Luckily, I do know someone who knows a thing or two about it all. Take it away, Louise!

What is yoga and how would you describe its power to someone who didn't know about it?

Yoga means 'union', joining together the body, mind and spirit. Yoga is an ever-evolving, rich and diverse living tradition, which originated in India, but now blends eastern and western influences.

It is a system for us to arrive in the present moment,

re-connect to our true nature, to experience inner peace. Yoga is not a religion, but is a spiritual practice, leading us to the realisation that we are connected to something greater than ourselves, whether you see that as a God, the Universe, Spirit, Higher Self or True Self – so that we may feel whole.

With the many diverse offerings of yoga, students should explore which practices work best for them personally. Hatha yoga classes explore yoga postures, breathing techniques, relaxation practices and meditation, all designed to deepen our awareness and become more balanced.

How do you think yoga can help heal the body during a time of great shock and grief?

Yoga allows us to just be who we are, to feel what we are feeling. Grief and shock are normal responses to trauma and, while we may not be able to change our situation, yoga gives us the tools to adapt, adjust and accommodate to our new reality. We are invited to accept ourselves, just as we are, even if we don't recognise ourselves anymore. Through yoga practices, we can begin to sense some space around the feelings of despair, seeing that we are more than a grieving person.

We experience the possibility of holding opposing thoughts or emotions, such as joy and sorrow, at the same time.

Yoga is self-care practice, underpinned with compassion. When the body feels tight with shock and sorrow, yoga postures can raise our spirits and shift our energy, helping create a healthy, strong, flexible and vibrant body. Yogic breathing practices can have an immediate and positive effect on the nervous system, reducing stress hormones and promoting calm.

Yoga is also about relationships, inviting a deeper and more fulfilling connection to ourselves, our loved ones and those we have lost. If we refuse to deal with grief, we risk hardening ourselves to our own feelings and to those we love. As we use yoga to open our hearts and feel the goodness within us, we start to trust that we can become stronger.

How soon would you say someone could or should get into or back to practising yoga after the loss of a child?

Return to or begin yoga when you are ready. Your experience and response to loss and grief is unique to you. Be compassionate with yourself, trust yourself and give yourself permission to heal in whatever way feels natural. When you are overcome, and sleep is difficult, a gentle practice of restorative yoga postures can help to provide comfort, allowing any feelings, thoughts and emotions to naturally arise. A guided relaxation can provide respite from an agitated mind and a doorway to deep rest. Breathing practices encourage an emotional release, exhaling fear and sadness, breathing in life. There is real benefit in short practice whenever you need it – a few minutes of conscious breathing, meditation or mindful movement can help us to move from a place of inertia. Take one day at a time, one breath at a time.

Do you think that, in these circumstances, yoga is best practised at home or in a group/class?

Trust your intuitive wisdom. It's good to be supported by an experienced and qualified teacher, so find the person you resonate with and can trust. While virtual teachers online and in books can inspire and be a good way to begin, a personal teacher will help to mirror your inherent goodness and give you specific tools to help you on your healing journey. Your teacher should be compassionate and empower you to hear and trust your own inner teacher. When you can't face a group class, a home practice is wonderful as time for you to reconnect to the goodness within.

A group yoga class will often uplift us in ways we didn't think possible. Your yoga class should feel safe and welcoming, where space is held for everyone to explore their own individual needs and benefit from positive group energy. Group classes provide a community of like-minded people, and we come to see that everyone is faced with life challenges and struggles. Connect with others to share, laugh, experience joy and find support.

If you could offer one piece of advice to someone who has recently gone through the loss of a baby and is looking to start yoga, what would it be?

You are not alone, and you don't need to navigate this difficult time on your own. Yoga can help you to adjust and heal postnatally. In the early postnatal period, the body may be soft and weak, and in those first weeks yoga can help to provide an effective route to physical recovery. The emphasis should be on healing from the inside out, with breathing and gentle postures. As strength and stability returns, a more active practice can be included. Find a teacher you trust.

What, in your opinion, sets yoga apart from other kinds of well-being exercise and practices?

The tools of yoga are rich and diverse, and may include a good amount of exercise for the body, but fundamentally it's a healing practice intended to liberate us from the restrictions of our limited thinking, realigning mind, body and spirit. We learn that our thoughts create feelings, and our bodies experience, hold and express these feelings. As we become more aware of the mind–body connection, the better we can manage our thoughts and feelings. Rather than struggling with our reality, we can integrate our experiences of life so that we become fuller, not emptier.

Louise Rogers
www.louiserogersyoga.co.uk

REFLEXOLOGY

After getting back to yoga, I gained the confidence to start trying a few more things to help aid my recovery. It was about four months after Teddy had died and we were just starting to get some kind of rhythm back into our lives. Still being off work on maternity leave meant I had more time to explore my interests and think about trying things that would make me feel good about myself again. The first thing on the list was reflexology (a treatment massage that includes the feet and ankles). I knew a fair amount about it, having worked in spas that offered it and having friends who were trained in it. I'd been a 'case study' client for one of those friends when she was learning, many years ago, but I hadn't ever had a treatment just for my own benefit. That was about to change.

Balancing my hormones after Teddy was born had felt like a full-time job in itself. My cycles were totally out of whack and I felt like I didn't really know my body anymore. After having spoken to so many of my friends after my experience I now know this is entirely normal. Add some grief and shock into that mix and you've got yourself a cocktail for an emotional and hormonal disaster! I decided to try reflexology to help with all of the above.

Luckily, I found a wonderful practitioner at a clinic in my home town, so I was able to see her weekly. After just two treatments my cycles were back to a timely 28 days – you could set your watch by them! As someone who had suffered with lengthy cycles, missed periods and polycystic ovaries, this was the first time in a decade I felt 'normal'. In my eyes, this was nothing short of a miracle! Needless to say, I have continued with regular reflexology and it continues to help my recovery after losing Teddy. (I should also probably say that it is just so damn relaxing that you just fall asleep each time. It's win-win.)

I started to become one of those annoying people who recommended it to everyone I know, to help them with one thing or another in their life. I have a tendency to do that with things; it's like I think I have uncovered some huge secret that we should all know about and I have to tell the world about it, I just cannot help myself. Reflexology was no different to yoga in that respect, as it was helping me feel more confident when I spoke about Teddy, it was balancing my hormones, and I was sure that I was beginning to feel so much stronger again, after just a few months of treatments. There are so many alternative therapies out there, but in my humble opinion, this one really is worth trying if you are looking for something to help post-loss. I have asked my lovely friend and practitioner Angie to write a few words on exactly why.

What is reflexology and how would you describe its power to someone who didn't know about it?

Reflexology divides the body into ten zones, running horizontally from head to toes, and there are five zones on each side. A miniature map of all the zones and the individual organs found in them can be accessed via the feet, hands and ears. The power of reflexology comes from the fact that imbalances anywhere in the body can be detected and treated simply by touching and massaging the feet, hands or ears.

Reflexologists working in these areas use several mechanisms to bring about improvements in physical, mental and emotional well-being. These might include: unblocking of energy fields, the removal of toxins, the breakdown of crystalline deposits in the lymphatic system, the release of endorphins, alteration of electromagnetic fields and the increase of blood flow to internal organs.

How do you think reflexology can help heal the body during a time of great shock and grief?

Each person will react to and deal with great shock and grief in their own unique way. The list of health issues which may be experienced by someone experiencing this kind of trauma is almost endless and can vary from mild to quite serious conditions. Increased muscle tension, lack of sleep, loss of appetite and of course depression are some of the more common symptoms of a sudden increase in stress. Reflexology is mainly used to release tension and stress in the body. Research has shown it can increase serotonin levels in the brain, which are responsible for enhancing mood. Releasing stored toxins and increasing blood flow can also bring a greater sense of well-being, diminishing pain and improving sleep.

How soon would you say someone could or should have treatments after the loss of a child?

Self-care is a priority at all times, not just in a crisis. Taking time to nurture yourself during times of stress is especially important. There is no specific time constraint or rule that I could make, other than to seek help whenever you feel ready and it feels right for you.

Whether to seek treatment at home or in a clinic depends on the prevailing circumstances. If the client's trauma is such that they find it difficult or too stressful to leave their home, then the only option is a home treatment. Professional therapists of any type will be aware that effective treatments rely to a very large extent on the environment in which the treatment is conducted. Above all, clients must feel safe and relaxed, and the treatment area must be comfortable, clean and quiet. Most clinics are set up with all of this in mind. Some of these important factors can be difficult to control in the home, with other family members, pets and local noise conditions being a consideration. For this reason, it is usually better to see your therapist where they normally practise.

What, in your opinion, sets reflexology apart from other kinds of well-being practices and treatments?

As far as I am aware, reflexology is the only therapy that works with reflex zones in the body. These zones are different from the Chinese system of energy meridians and are not the same as the myofascial meridians used in some forms of manual therapy. The earliest records of some kind of foot and hand massage date back to wall paintings found in Egypt c. 2330 BC. An early form of reflexology (zone therapy) was introduced to the United States in 1913 by Dr William Fitzgerald, an ear, nose and throat specialist. The modern practice of reflexology is primarily influenced by the work of Eunice Ingham, a nurse and physiotherapist whose 1938 text *Stories the Feet Can Tell* contained detailed maps of the 'reflex' areas of the sole of the foot, corresponding to the rest of the body, including internal organs.

If you could offer one piece of advice to someone who has recently gone through the loss of a baby and is looking to reflexology, what would it be?

Reflexology is a totally non-invasive form of therapy, and so is safe even for those who may have recently been injured or undergone surgery. My advice for someone who would like to try reflexology is first to find a practitioner who you trust and feel comfortable sharing your personal issues and concerns with. Someone who can really listen and empathise with your experience, rather than a therapist who follows their own agenda or a set routine regardless of your individual needs – this is essential. If your therapist can help you feel safe, more relaxed, listened to, balanced and in less pain physically and/or emotionally, then you are on the right path.

Angie Ix Chel, MFHT
www.ixcheluk.co.uk

ACUPUNCTURE

The discovery I made last is probably the one that has had most impact on my general health and well-being since Teddy died; which is strange, because it's the one thing that the old me probably wouldn't have entertained trying. I don't have a phobia of needles, but like most of us I tend to try and avoid them when I can! I am, of course, talking about acupuncture. I think we all have a vision of what that means or what it entails, and mine was one of pain and torture, but I have no idea why this was. I also thought that acupuncture was something you had if you were in pain or had a cold you wanted gone, I didn't realise the huge help it could be for emotional and physical healing.

I actually first went to try it about six months after Teddy died for a pain in my shoulder and neck. I had slept awkwardly and the pain just wouldn't shift – it was making me feel sick and like I had a weight around my neck. What I didn't realise was that this discomfort was somewhat exaggerated by the emotional tension I was holding in my body.

After my first treatment I felt as though a physical weight had been lifted from me; I felt lighter. I tried to explain it to my husband, but I couldn't quite articulate how much better it had made me feel in myself. Just stronger somehow.

I began to go every week, and it became an even bigger help to me when we lost our second baby. I had been pregnant again when I started having acupuncture, our longed-for rainbow baby, but it wasn't meant to be. I called my acupuncturist and told her what had happened and she asked me to come in and see her for treatment as soon as I was able. I made an appointment to see her later that week, and that was over a year ago. As I write this now, I feel so fortunate to be able to say that my mind frame couldn't be more different from how I felt then.

No, I'm not pregnant again, but I hate to think how much slower my recovery would have been if I hadn't sought help outside of western medicine when I did. I am a true believer that we must do as much to help ourselves in these situations as we can; whether that is diet, lifestyle, choosing to take time out or focusing on self-care methods. I don't think that medicine or hospital treatment alone can 'fix' us, whatever is wrong. I think that true recovery is very much affected by a range of things, and many of those are things we can choose to do to help ourselves. For me, acupuncture enabled me to manage my emotions, to feel as though my head was lifted above that fog. Sometimes it made me cry, I mean really cry, and that was good, because I needed to. Sometimes I came out feeling as though all of my complicated thoughts had been neatly filed away in my head and were in some kind of order, so that I could go about my day again without them weighing me down. It made me feel free from the grief and worry that had shackled my existence for so many months. I felt strong and able to face each day; and so I continued, and still do.

I don't think that Gretchen will ever really understand or appreciate all that she has done to help me in the wake of Teddy's death – she is far too humble and kind – but here you can read in her own words why she believes acupuncture is so beneficial to someone who has been through trauma and loss.

What is acupuncture and how would you describe its power to someone who didn't know about it?

Acupuncture is a tried and tested system of complementary medicine. Chinese and other eastern cultures have been using acupuncture for over 2,000 years to promote and maintain good health, and restore the natural balance of the body.

According to traditional Chinese philosophy, our physical and emotional well-being is dependent on the balanced flow of energy. When the flow of 'qi' (energy) becomes injured, shocked or unbalanced, it can lead to ill health. By the insertion of fine needles into specific points along the channels of energy or meridians, acupuncture can stimulate the body's own healing response by removing blockages and helping to restore its natural balance.

Treating long-standing conditions, or where conventional treatments have not helped, more people are turning to acupuncture as a safe, natural form of medicine. There is significantly more conventional medical research being done to discover how acupuncture works as people are becoming more curious as to the mechanics of the process.

How do you think acupuncture can help heal the body during a time of great shock and grief?

Treatment would be recommended to subdue the emotional shock of loss but, in many instances, physiological stress can be lessened by promoting flow of oxygen and energy to various parts of the body. Treating the heart and spirit is an integral part of acupuncture, so we would not treat the body, mind and spirit separately.

How soon would you say someone could or should have treatments after the loss of a child?

During this very difficult time, people react differently to shock and stress. I would recommend immediate treatment. In stroke patients, it has been shown that recovery and rehabilitation is much improved by immediate acupuncture treatment. In saying that, not everyone is ready to start treatment right away. Shock and emotional trauma can be a very debilitating situation and patients may require time to adjust to the reality of the situation before they are able to seek help.

Why do you think acupuncture is beneficial to a mother's body after the loss of a pregnancy or the stillbirth or neonatal death of her child?

Firstly, acupuncture can assist with blood loss and the physical exhaustion of labour. By treating the kidneys, the blood and the person as a whole, treatment will assist the body's coping mechanism. A weakened body cannot support a shocked and grieving mind or heart, and a weakened emotional state cannot assist a weakened physical state. Acupuncture will assist in regaining homeostasis.

Do you think that, in these circumstances, treatments at home or at a clinic/practice environment are best?

This is a difficult question to answer but, having treated in both environments, I may suggest that a clinic visit is attempted rather than staying at home. Patients may only feel safe at home during this time, but getting patients 'out of the house', where all their grief will be surrounding them, can only be a good thing in my opinion. Patients can feel isolated and even scared to face the world, but this will ease with time.

What, in your opinion, sets acupuncture apart from other kinds of alternative medicines and treatments?

Acupuncture treats the 'whole' as many other therapies do, but I think the one thing that sets it apart from others is the fact that we can tap into the physiological as well as the spiritual side of the person. By 'spiritual', I mean we can treat the patient's spirit and heart directly. This is a key factor in successful treatment of trauma.

If you could offer one piece of advice to someone who has recently gone through the loss of a baby and is looking to start acupuncture, what would it be?

You may think you are ready to try again immediately, but until your body, mind and spirit are strong and in alignment, let time and nature help you and your body come to terms with the loss. I don't believe people ever get over the loss of a child, but they can process the feelings associated with such a trauma.

Patients describe that a 'space' is always there. In my opinion, this is a healthy and natural observation. A soul has visited their lives, although they have now moved on, and acceptance and healing seems to occur when this is acknowledged. Give your body and spirit time to adjust to the loss. Psychic shock will take its own time to heal but, with treatment, this process can be aided. Acupuncture has proven itself to many patients in giving them the ability to allow the healing process to occur in situations of extreme loss, and that they can go on to have successful pregnancies.

Gretchen Smit BSc (Hons) LicAc
www.gretchensmit.com

There have also been a few other things I have done and have used in order to aid a positive mind-set. Lots of people write to me and ask, 'How do you stay so happy?' I won't lie, I'm not grinning manically every day of my life, but I don't feel that huge depth of sadness like I once did; and I think I have many of these things to thank for that.

SAYING NO

There have been so many other little adaptations I have made in my life in a bid to 'feel better'. Some are the simple ones like just saying 'no' when you feel overloaded, as I touched on in Chapter 16. Although I say that as if it is a simple thing to do, I honestly don't think that many of us even realise (especially when we are knee-deep in grief) that that *is* totally acceptable. I know we all feel guilt, but sometimes we just have to be kind to ourselves and accept that not trying to please everyone all of the time will help our road to recovery.

AFFIRMATION CARDS

A few months after Teddy died, I bought myself some 'Yes Mum' affirmation cards on the recommendation of a friend. They were 'Strength' cards, that help to affirm those feelings of strenth during loss or testing times. I got in the habit of always carrying one with me, in my pocket or my bag, and just looking at it when I needed strength during loss or testing times to. It was a simple little tactic, and some might think it sounds completely mad, but in those moments that I just needed that little boost it was like having someone there who was telling me it was going to be OK. I think that when you are suffering with grief-related anxieties, it really helps to have tools like that, especially if you are on a crowded train or in a busy place. It's that little nod of reassurance; at least that is how it felt for me.

POSITIVITY JOURNAL

Not long after I started writing my blog, a wonderful woman called Kelly contacted me through Instagram, who I instantly warmed to. She told me her story, that her darling mum was battling with Huntington's disease, and that she had started a business off of the back of that journey. She had developed a positivity journal – something to fill in at the end of each day to help you to appreciate the little things in life, to help with your general wellness and mental well-being. Kelly asked if she could send me one as a gift.

I started filling it in the day it arrived. It meant filling in things like what had felt good that day, what had I done for myself, as well as other details like water intake and hours of sleep. It felt so empowering to focus on the little victories, to reflect on all that was great about life, even on the more challenging days. It was a place to write in all of my achievements (however small) and a place to write goals. It meant I could write down affirmations for the month ahead, or thoughts and feelings I was aiming to leave behind. For me, it was the perfect way to help my heart recover – seeing all of these things in one place, on the page in front of me.

I completed 365 days of that journal. A complete snapshot of my year – probably one of the most difficult I have faced, but yet I am still here. Looking at that journal I can see how far I have come and how much better I feel in myself. It reminds me of what it felt like to have lost two babies so close together and why my body, and mind, needed that extra time to heal and recover from such trauma. I feel enormously proud of how far I have come during that year, and so very excited for the next 365 days that lay ahead of me.

There is no rulebook; there is no right or wrong answer here, so stop searching for it. We are all different, we all react to situations differently, and losing a child is no different. So, write, sing, run, raise money, organise a bloody bake sale (I have yet to try that one, but I have donated cakes to the NICU once, so I am claiming that as involvement); do what channels you in the wake of your disaster. Why? Because it just makes everything feel so much better and, when you've been at your lowest ebb, sometimes even the tiniest crack of light can feel like a whole day of sunshine.

Chapter 18

It's Not Just Me

IT'S NOT JUST ME, I KNOW THAT. THE RIPPLES OF
EMOTION CAUSED BY TEDDY'S SWIFT ENTRANCE AND
EXIT FROM THIS WORLD GO FURTHER THAN I WILL
PROBABLY EVER BE ABLE TO UNDERSTAND. Losing a
child shocks an entire family, and their friends, beyond
comprehension. I am only too aware that much of the
writing found online about child loss is written by the
child's mother. That it is the mother from whom we
expect to be able to learn the full story of what it feels
like, what it *is* like, when a baby dies. I have always
said, when anyone has complimented anything I have
written about Teddy, that it's not about me, I am
simply telling *his* story. I want him to be celebrated in

the world and talked about, and luckily for me, so do our family and friends. With that in mind, allow me to let them share their side of Teddy's story with you all.

Nico
Teddy's daddy

When people used to ask me what we were having during Elle's pregnancy, my answer was always the same: an Olympic gold medallist. I'd envisage being the dad on the sidelines or shipping them to various activities, just as my parents did with me.

I've been fortunate enough in life to only visit hospitals due to my own stupidity – from bulging discs in my back, rupturing shoulder ligaments, to severely dehydrating during a marathon, it's always been my fault. Elle's pregnancy went without a hitch and I never for once thought that anything bad could ever go wrong. Why would it? We are (or were?) both young, healthy and have a healthy family history – I obviously checked as part of my thorough breeding programme prior to popping the question to her…!

When the consultant sat us down after one of the nurses ran off with Teddy, he told us Teddy was a really sick boy. At that stage my barometer for 'sick' meant that he'd have to be looked after for a couple of days before coming home, but not at any point did I think it would be worse than that. When we were transferred to the neonatal intensive care unit, things started to sink in, slowly but surely – the receptionist who knew our names before we introduced ourselves, the looks on the nurse's face when they saw you, the head tilts. They were all subliminally telling me things were far worse than I expected. Of course, all day and every day we sat next to Teddy, watching the brain monitors, hoping to see a flicker of movement. Sometimes my brain would trick me into seeing something and Elle would say she didn't see it; other times Elle was the one telling me she had seen something.

The hardest thing in those three days was seeing the pain Elle was going through. Twenty-one hours of labour takes its toll on every woman, but this was another stage of endurance no one had planned on. Going through labour, having no sleep, and then having the stress of rushing to an intensive care unit was a huge strain on her body and mind. It's when people are under pressure that you find out what their characters are really like, and I couldn't have been more bursting with pride as I watched her looking over Teddy. I could see her giving him every ounce of the little energy she had left, and then some. It was quite incredible to see what she was capable of under such straining circumstances.

Saying goodbye to Teddy and the days after will remain etched in my mind. He was surrounded by love as he took his last breaths, and isn't that what we all want? I remember leaving the hospital and my father and brother-in-law ran ahead and moved the baby seat into the boot of the car so we wouldn't have to look at it, another reminder on the journey home.

I soon learned, though, that there was no escaping losing Teddy. We'd had nine months to prepare. A house full of stuff, a tight-knit street, friends and work colleagues to tell. Elle just couldn't get the words out so I tried to tell as many people as possible and let them spread the word.

Then there was the recovery. How do you recover? Well, it turns out there isn't a simple recipe to follow. But let's be clear – if there was, I'd still struggle, as it takes me two hours to cook a 30-minute meal recipe from any well-known cook. So I used my father's expression, 'If you've got to eat an elephant, do it in small pieces.'

I started to hate sitting down doing nothing. It wasn't getting me or Elle anywhere, and the days would go so slowly. I had in my mind that the days needed to pass so that the pain would go away, so I began to wish time away. I suddenly realised that it wasn't time that was the problem, though, it was my mind. I took up woodwork to keep busy in the house, and it was perfect. Something that kept my mind and hands busy. There's something intensely therapeutic about taking raw untouched material and putting your sweat into it (and definitively blood, on a few occasions) to create something to share. The table that sits in our dining room, for example. There are times when we sit around it with friends and family and I drift away, Teddy being ever present in my mind. It remains my favourite thing in the house.

Going back to work was actually something I began to look forward to. I remember sitting on the train on the first day, though, and it felt like an outer-body experience. The train gang that I sit near (but don't partake of their daily banter – way too early in the day for that) were cracking the same jokes they had been three weeks ago, as if nothing had changed. All I could think was, *How can they carry on like this? Don't they realise that the whole world came to a standstill three weeks ago?* It dawned on me straight away that the whole world didn't stop like it did for us.

I nervously walked into work and the first thing my boss said was, 'Your haircut makes you look like an idiot.' It was that level of normality that was just what I needed. That being said, I immediately felt guilty for leaving Elle at home. She was really struggling. Deep down I knew that this would be the end of her current job, and that I may have to take the strain financially to allow her to heal emotionally for a while. It was my way of helping the family. We still had an extra mouth to feed after all, even though he was just 30cm tall (Boris). Work was fantastic in letting me take the odd day to work from home – they couldn't have handled the situation better, and they were quite incredible. I was very fortunate.

To say people were treading on eggshells was an understatement, so I sent an email to everyone asking them to treat me like they would have if Teddy had come home. I wasn't afraid to talk about him, and I'd rather everyone knew. There were the odd howlers – about four weeks later someone came up to me and shook my hand congratulating me on having a baby in front of a few colleagues. He hadn't got the email, so I had to tell him. It's actually those people who I felt sorry for, and 'Do you have any children?' is still the hardest question I get asked. I meet a lot of casual acquaintances through work and I make the decision that if I'm ever going to see them again I say yes, and if I'm not I say no. It's just not worth ruining their light-hearted, polite conversation.

About a year after Teddy died, I was at a dinner and someone asked me, 'What do you do for fun?' It suddenly dawned on me that, for the twelve months, we had just been in survival mode. Fun wasn't really something I'd bothered with or thought about. Every weekend had been about spending time together, healing in our own little world, going on the odd outing – but generally, doing 'things' wasn't on the list. This has slowly changed. Activities like going for dinner, or coffee, going out to the cinema or some drinks with friends – all of the little things we had shied away from, finally we are now starting to do.

Except, I do them now with a much deeper appreciation. I've always been quite a calm guy (or so I've been told) but this experience has mellowed me out completely. Very few things stress me since we lost Teddy, because of those three days in the NICU with him. (I do still rage at my commute on the trains every now and then, but that's for another time.)

I'm just grateful to have all those that I love around me and in good health, and I feel like a richer person for having had Teddy in our lives to bring me that perspective. I've learned that the start of a life and the end of a life can, and should, bring us to a standstill – everything else is just details.

Carol
Teddy's grandma and my darling mummy

When people ask me how many grandchildren I have, I tell them that I have four. Teddy was the third to be born. He came into the world on Monday, 16th May 2016, but could only stay with us for three days. I wish I could have been there to see him when he was first born, but it was late evening by the time he finally made his appearance, so too late for hospital visiting.

When Eleanor called me before eight o'clock the following morning, I knew straight away that something was not right by the tone of her voice. I asked her how everyone was and she replied, 'Not good, Mummy.' She explained to me what had happened during the night, that Teddy had been resuscitated after many minutes and that they were being transferred to another hospital where there were specialist facilities to treat him. As soon as we found out which hospital they were going to, Ian, my husband, and I set out to drive to Chertsey to visit our new grandson for the first time.

I think we both spent the journey trying to reassure one another that modern medicine could indeed work wonders these days in the face of seemingly impossible odds, and that surely Teddy was going to be treated for whatever was wrong and he would be fine. Despite our forced optimism, I don't think we were prepared for the sight of such a beautiful little man covered in wires and tubes, lying in his plastic 'tank'. He had a fuzz of fluffy hair and such a cherubic face, it seemed impossible that he wouldn't wake up any second and be just fine.

The next time we went to visit, on Thursday, 19th May, would turn out to be the last time we saw that lovely face. The doctors treating Teddy said that they wanted to sit down with Eleanor and Nico to speak to them about his situation. Eleanor asked if Ian and I could be included in the meeting too. I can't really remember the exact words that the doctors used. Teddy was, it seemed, not able to stay with us, as his body simply was not able to function. His metabolism would not 'fire up' and do the necessary job to make him viable without his life support. His condition was deteriorating fast. It seemed strange that they had done so many tests and yet still had no specific reason why this was the case.

The thing that stands out in my mind above all else about the moments following the explanation is that the only one who managed to ask questions about his condition was Eleanor. The rest of us sat crying and mute, while my brave daughter, fighting for her son to the last second, asked whether Teddy would be suffering any pain because of his condition.

Within that half an hour meeting, Nico and Eleanor had given their consent to Teddy's ventilator to be switched off, but they asked whether they could hold him and read to him in the privacy of the parents' room with the rest of his family around. Nico's parents and his sister and brother-in-law returned that afternoon to be with Teddy, too. Watching him leave us was one of the hardest things I have ever had to do, but watching my daughter's heart break as she held her son was just as hard. I wanted so much to be able to help her; to make things right again. When our children are young we can help them to cope with just about anything. A hug or a treat if they fall over, a chat and a takeaway pizza when they are teenagers with boyfriend or girlfriend problems. This time, there was nothing I could say or do to make it all go away. I felt powerless and grief-stricken all at once.

In the days that followed, Ian and I stayed with Nico and Elle to make sure that they ate properly and had someone there to talk to or cry on. Much talking and crying went on in the days following Teddy's death. Looking back, I think it helped us all. It didn't make anything better, but it certainly helped.

It was difficult to leave Nico and Eleanor alone with an empty nursery, but we had to go back to Dorset after a few days. We spoke every day on FaceTime, sharing our thoughts about anything and everything to do with Teddy. They had to deal with the practical administrative aspects of birth and death, which seemed so unbearably unjust when we had all been waiting for a new baby to join the family. Certificates had to be issued and a post-mortem had to be done too. It was all a million miles away from what we expected to be doing in the weeks following Teddy's birth.

About six weeks later we had a funeral for our darling Teddy. It was completely unlike any funeral I had been to. Those had been for much older family members who had lived a whole life. Teddy was not given the chance to be all that we imagined and dreamed of.

In the months that followed, I was just there as much as possible whenever Eleanor needed me to be. We cried and laughed. We tried our hands at new crafts:

lampshade making, upholstery, wreath-making, you name it! We shopped, we lunched, we sewed, we gardened, then we cried some more. I suppose you could say we were keeping busy to distract ourselves, which is probably true, but it helped us both and brought us closer than ever.

As the time has passed and Teddy's Legacy has become a focus of Eleanor's life, I have been astounded all over again at how amazing the young woman is that I am proud to call my daughter. She has had good days and bad days, but I think (and hope) that the good now outweigh the bad. Teddy is always in our hearts and we talk about him often, because he has changed us all. The ripples have spread throughout our family and we have all been changed since he was born. Yes, I have four grandchildren. There will be more I'm sure, but Teddy will *always* be the third.

Amanda

Not just one of my closest friends, but one of my all-time favourite humans. Also, one of the few people who was able to make me laugh out loud in the weeks that followed losing Teddy. Basically, she's an all-round hero and my favourite 'wee Scot'.

When I found out the news that Teddy had passed away, just like everyone else I was so shocked and numb. Truthfully, it just didn't feel real – *this surely wasn't happening*, was all I could think. You read about these tragedies and, although they make you sad, your reaction and sadness are very temporary when you hear of it happening to people you do not know. You never think it could ever possibly happen to someone you know, and even more so someone you love and care for dearly. All you think is, *No way, this is not real, it isn't true!* I genuinely did not take it in.

I remember immediately thinking of Elle and feeling impossibly paralysed, helpless to a friend that deserved everything in the world. Why was this happening and why to her? Over the coming days and weeks after Teddy's death, truthfully, I felt so helpless – I knew I couldn't do anything to soften or even pause her pain. I felt uncomfortable about contacting her and reaching out – that's the reality and truth from my side. You want *so* much to have something, whether it is words or anything else, that could comfort her, but I felt speechless and useless. I don't have children myself, so this made me feel all the more useless.

The few days after Teddy died we exchanged a few texts and I remember vividly the feeling of my heart just sinking for her. I couldn't and didn't even attempt to fathom her pain – it wasn't for me to try or attempt. I could only hope that I could be of comfort at some point. I deliberately didn't overdo it in contacting her. I knew that Nico and close family would be there every moment, and I was conscious to hold back in those first few weeks. I think as a very close friend and knowing Elle well, that this minimal contact approach was actually the best way. Elle would have had endless texts, calls, flowers, all a reminder of what happened. I didn't want to do that too. It might sound odd, but it did feel like the right thing to do. Not to take from anyone's love and thoughts for her, but I knew she would have had more messages to absorb and take in from everyone, and the sheer volume of outpouring from others would've been overwhelming. I was conscious to tell her I was thinking of her – I was, constantly – but didn't want to force contact or the opportunity to meet up. I knew it would be a few weeks before she would be able to see me, so I gave her the space and time, a few texts in-between, and eventually we arranged to meet at her house.

This had never happened to anyone I knew, so I didn't ask anyone what I should say or do. I looked online and I took a few pieces of advice on board, but I was so nervous to see her. I remember even shaking on the train down to hers. What to say, would we still joke like we used to? That's all Elle and I ever do – laugh and joke. I almost felt frightened that I was about to encounter a complete stranger, someone a shadow of their former self, unrecognisable.

I always remember Elle opening her front door that day and she gave me the hugest hug. In that moment, although you could see and feel her pain, it was still Elle. Even now, thinking of that day makes me feel really emotional. I am not overtly emotional and certainly our friendship had never really been one where we had cried or been sad really at any point. We were jokers – when we had worked together I am sure the laughter got on most of our colleague's nerves. She was still the same old Elle cracking jokes, making me laugh, asking about me and my life. She had been through simply the worst thing anyone could ever go through and here she was asking about how things were with me. Perhaps it was her way of escaping for that moment, but I was more than happy to be that escape for her.

I couldn't ever imagine the constant sadness that not only she felt, but which emanated from others when they met with her. That must've been exhausting –

it probably still is – so that day it was about talking about what she was comfortable with. When we started to chat about Teddy, although watching her get upset was uncomfortable and not nice to watch, it was so important to talk about him. She had sent me a few pictures the day he was born and when she spoke of him I remember just creating this wee place in my heart for him. I won't lie, that day wasn't easy, but being a friend and giving your support – whether that's by having a joke or a laugh about something silly, or talking about Teddy – was paramount. I left Elle's that day feeling so glad I got to see her and hoped I had given her some respite.

After that, and obviously still now, Elle and I meet up frequently. Often, I will go down and visit her and Nico (and Boris of course ☺) and we laugh and joke as we always did before. Her sense of humour is well intact, and she is simply one of the funniest and smartest people I have the pleasure of knowing. We chat about Teddy and her experience too, and she of course gets upset, but now I just understand that that's part of talking about him – I always wish to hear about him.

He wasn't with us for very long, but what an impact that little boy has made. I am so proud of the work she has done to build awareness around child loss, and even more proud of her endless strength, humour and kindness. Elle is one special lady, and I am super grateful and blessed to have her as a friend.

Zoe

Teddy's aunty and Nico's big sister. One of the first people to be by our sides at the NICU, and one of the few people who got to meet Teddy, hold him and talk to him. I don't have a sister, but I feel very lucky now to feel like I have found one.

As Nico and I walked into the intensive care unit, my heart was pounding in my chest. I knew Teddy was very sick but I had no idea what to expect. Yet, despite all the wires and machines keeping him alive, he was gorgeous. I reached into the incubator and stroked his soft, downy blond hair and his little bare arms. He had the softest skin I had ever touched. He was perfect and I told Nico that.

Over the next few hours, I watched as doctors and nurses buzzed around him. I found myself desperately scanning their faces for signs that Teddy was going to be OK, but they gave nothing away. Like all new parents, Nico and Elle looked shell-shocked. It had been a normal pregnancy and a normal birth and yet, now, instead of having those first precious few hours getting to know their son, they weren't even allowed to hold him. They spent hours by his side, and when they had meetings with the doctors, we all took it in turns to sit with him.

I kept telling myself that Teddy was going to be fine, that this would be nothing more than a nasty scare. I was convinced that if we talked to Teddy, sang to him, touched him, we could make him come back to us. As I sat with my nephew, I made so many promises to him. I told him that he had the best parents in the world and that if he could just get better we were going to have such fun. I told him that his mummy was besotted with him and was going to smother him with kisses and cuddles, that his daddy would teach him how to drop-kick and to speak French, that he and his cousins would spend hours racing around in the garden with Boris. 'Please come back to us, Teddy,' I begged, over and over.

All of Nico and Elle's friends lit candles for Teddy and we asked our friends to as well. Somehow it seemed important that people knew that a little boy called Teddy was fighting for his life. So many people did it, all willing him to pull through.

On the second evening in the NICU, Elle and I sat on either side of Teddy's incubator. His tiny body kept on convulsing with seizures and it was agony to watch. I didn't want him to be in pain or to hurt himself, and I didn't want Nico and Elle to have to see him like this. Elle and I gently placed our hands on his arms and legs and tried to keep him safe. She stroked him over and over, begging her little boy to come back to her. Nico said Teddy looked like a little chick, trying to fly, and I was so scared that was what he was doing – I was so scared he was flying away from us.

By the third day, it became obvious that there were few positives left to cling to. Teddy was so tiny and his poor body had already been through so much. Nico and Elle were relentlessly positive but I felt sick to my stomach that he wasn't going to make it.

I needed some fresh air and went and sat by a pond and listened to the birds singing. As children and families ran around in the beautiful spring sunshine, I prayed for Teddy like I had never prayed before. I wondered if I hadn't been trying hard enough and I just needed to try harder. It was while I was sitting there that I got the phone call to say that there was nothing more they could do; they were going to let Teddy go. I don't even remember what I said to Nico and Elle, but the sadness in their eyes will haunt me forever. I was Nico's big sister and I had looked out for him from day one, and yet I couldn't protect him from any of this pain.

Now the worst was happening, Nico and Elle's focus was purely on their little boy. I might have been tempted to shut the world out and be alone with my son, but they wanted him to be surrounded by family so he would feel how loved he was. They even asked if any of us would like to hold him. I hesitated for a second. I knew how painful it would be and yet I couldn't say no. My mum and Elle's mum both wanted to have a cuddle as well but neither my dad nor Elle's dad were able to; it was just too much for them.

First I watched my mum hold her new grandson. She looked so proud and so in love with Teddy, and also so heartbroken. Then it was my turn. Teddy's nurse gently lifted him into my arms, carefully arranging the wires so the machines could keep him breathing. I held him against my chest and he felt so soft and warm. As I kissed the top of Teddy's head and nestled him into me, I felt like my heart was shattering. It was a pain like nothing else I had ever experienced. Nico took a picture of me and Teddy – our one and only picture together.

We left Nico and Elle alone with Teddy after that. They held him, washed him and dressed him – all of the things that you take for granted as a parent, but it would be their first and final time. It felt like time slowed to a stop as we waited for the end. We were all crying, lost in our own worlds.

Teddy's nurse's 12-hour shift had finished, but she asked if she could stay and be with him at the end. I had never known kindness and humanity like it. She hand-pumped oxygen into Teddy's mouth until Nico and Elle were ready. Then she removed the oxygen, and they held their son on their laps and read *Guess How Much I Love You* to him.

It was a book I had read countless times to my daughter Daisy, but I knew that I would never be able to read it again. They took it in turns to read the words until Teddy stopped breathing. As I watched my nephew die, it was the most awful and the most humbling experience of my life.

Somehow, Nico and Elle tucked their little boy into his blankets and then the nurses took him away. I remember thinking that, if it were me, I wouldn't have had the strength to let him go. I still don't know how they did it.

My little brother was such a giant of a man. We'd

always been so close but now suddenly I had no idea how to comfort him or Elle. I couldn't bear the thought of them driving home with Teddy's car seat in the back, to an empty house and an empty Moses basket. Everything was torture for them, but when Elle's milk came in I felt like screaming at the universe for its unbearable cruelty. Wasn't it enough that she hadn't been able to take her baby home?

Eventually the day of Teddy's funeral arrived. As his coffin was brought into church it nearly destroyed every single one of us. It was so small it took just one man to carry it. Nothing about this was right. The natural order of life had been broken. My brother and his wife should never have been saying goodbye to their baby. Even now, I have no idea how I stood at the front and spoke about Teddy but I am so glad that I did. I spoke about all of the hopes and dreams we'd had for him, and I promised him that we would never, ever forget him.

In those first few weeks all we wanted was to make things better, to somehow take away some of Nico and Elle's pain, and that was the single hardest thing to come to terms with. Nothing could make it better. None of the stupid holidays we suggested, or seeing people, nothing worked – but of course it couldn't. You can't make things better after the death of a child. It was hideous being around my parents' pain too. They looked lost and helpless and I was so worried about them. For the first time in my life, I felt like our roles had reversed. Instead of celebrating a new grandchild, they were witnessing their son in unimaginable pain and they couldn't do anything to stop it.

We were all dealing with it differently. It felt like the women in both families needed to endlessly talk about Teddy, whereas the men hadn't a clue what to do other than throw themselves back into work and normal life, whatever that was now.

It was during this blur of sadness and grief that I discovered I was pregnant. It was a much longed-for baby, and yet the timing could not have been worse. I was petrified on so many levels – I'd recently had two miscarriages and I was terrified of having another one, but I was even more scared that I wouldn't. How could something positive come out of something so tragic, and how would I ever tell Nico and Elle?

In the end, they were amazing, as they always are. But my shame and the sickening guilt I felt didn't dissipate for the entire nine months. Nor did my fear. I'd watched my nephew die and now nothing would ever be the same again. Even as I gave birth, I never expected to take home a living baby. As my daughter, Amelie, was placed in my arms, I wept for her and I wept for Teddy. She was the first baby I'd held since Teddy and to me she felt like a gift from him. I made a promise to myself then that when she and Daisy grow up, they will know all about their little cousin, Teddy, and how special he was.

I have absolutely no doubt that Nico and Elle will be parents again and we will love their sons or daughters more than they can ever imagine. Yet no one can ever replace Teddy or the Teddy-shaped hole that has been left in our lives. He is missing from every family occasion. Whenever we are all together I am aware that a little blond boy should be laughing along with us, tearing around with his cousins and his sidekick Boris. At times I find family occasions and milestones like birthdays, Mother's Day and Father's Day torturous. I am painfully aware of Nico and Elle's feelings and my guilt at having two healthy children never goes away. I know we must unintentionally say and do the wrong things all the time because we aren't experts in this, we are all just stumbling our way through life after losing Teddy.

I have watched the way Nico and Elle have handled

themselves since Teddy's death in total awe. I am beyond proud of them. Thanks to their big hearts and the fundraising they have done in his name, so many people have been touched by Teddy, the little boy who was with us for such a short time yet has left such a huge impact. I am so proud to call myself Teddy's aunty.

If I could, I would take away every single ounce of Nico and Elle's heartache, and yet I can't wish away those three precious days with Teddy. The joy and love they felt at being his parents can never be taken away from them. Not a single day goes by when I don't think about him. The memory of him has been burned indelibly in me. I can still remember his smell and how soft his skin was. Now when I see the brightest star, a breath-taking sunset, a lone robin in the hedgerow or when I feel the sea breeze on my face, I think of Teddy. That little boy has changed our lives forever and we will never, ever forget him.

Chapter 19

Moving Forward, Not On

I SUPPOSE THAT THE MOST IMPORTANT QUESTION, FOR SOME PEOPLE, MIGHT BE: *HOW* DO WE MOVE ON FROM THIS? How on earth does anyone move on from this? As I have said previously, my desire in those early days of loss were very much to 'feel better', although I couldn't fathom how that might come about, but never have I had a desire to 'move on' from Teddy. Why would I? He is our son, our firstborn, and he will always be a huge part of our family. I know that it can also be used as a figure of speech and that people don't necessarily realise the impact of what they are implying when using a turn of phrase like that, but I can tell you that it can *really* hurt.

Quite recently I was subject to some vitriolic comments that every now and again rear their ugly heads through the pixels of social media. It doesn't happen very often, but when it does it usually ends in me overthinking the reasoning behind the remark. Perhaps I give the writer of such material more credit than they deserve? Either way, if I choose to write about Teddy and our journey since losing him, then other people are also free to form their own opinions on what I am doing – such is the world that we live in. The comment was, in my opinion, quite emotionally unintelligent. 'The more you talk about him the more you are opening up a wound and not allowing it to heal. Tragic things happen, accept and move on.' It was those last two words that rung in my ears: 'move on'. Surely this human, whoever they were, had never lost a child. Move on? Pretend it hadn't happened, that they hadn't existed?

They were telling me I shouldn't talk about Teddy; insinuating that I was dragging up the past and not allowing myself to heal. I thought long and hard on it, on where a remark like that could have stemmed from. I wanted to scream and shout at that person, to shake them and make them fully comprehend the hurtful nature of their words – but what would be the point in that? Would it change their mind or open their eyes to the reality of living after the loss of a child? Probably not. My initial reaction would have been peppered with fairly strong language, and I didn't want that to detract from me giving the response to that comment that I felt Teddy deserved me to give.

I fully accept and respect that we all grieve differently, but no matter how hard I focused on trying to understand their viewpoint, I simply could not. Firstly, this person had referred to Teddy as a 'wound'. Let's be really clear on this one: my son is *not* a wound, nor a scar I should be ashamed of. I will not be embarrassed to speak his name in fear that it might upset someone else, or not allow my heart to heal. In fact, the more I speak about him, the more freely that I am able to articulate my feelings surrounding his death, and so the more I begin to heal. I have seen a direct correlation between how much I am able to talk about Teddy and how much better I feel for doing so.

My son is not a dirty little secret who will not be spoken about in public, and I have learned that I am able to connect with so many other parents who have had similar experiences by talking about him. I wholeheartedly disagree with this person's view point that speaking about him is more damaging than it is cathartic, and I can only assume that this individual was brought up in a time when 'sweeping things under the carpet' and pretending that they hadn't happened was the 'done' thing. I can tell you that this *was* the case many years ago, and that it did a family member no good at all to harbour their experiences and feelings for over 65 years before being able to even whisper their child's name. So, no – I refuse to accept that not speaking about Teddy is the best course of action, and that is my prerogative, as his mother. Talking is *good*.

Now we come to the interesting part – the simple suggestion that we might just 'move on'. Well, random stranger on the internet, I can also tell you that just isn't a possibility for our family. You see, when something of such magnitude happens to you, whether it is the loss of a loved one, a tragic event or perhaps the suffering of a life-changing illness, it often shakes you to the very core of your being. It flips on its head what you believed to be true in the world and it magnifies the fragility of life and all that we often take for granted. It isn't just a loss, just an event you could pretend didn't happen – the very nature of its enormity changes you as a person forever, whether you are willing to accept that and identify those changes or not.

Something like losing a child changes the course

of your life, unrecognisably, forever. There is always someone missing, always, no matter how hard you try to pretend that isn't the case. Even if you don't say their name out loud, or you act as if it hasn't happened, it has. The more you bury it, the more it will always beg to be let to the surface, and the only person who will suffer is *you*, more so than you have already had to. I believe that by continuing to talk about Teddy I am letting the world know that I'm not scared of speaking about him, and that they are free to do so too. It's like giving everyone a hall-pass not to be terrified of the unspeakable, and just letting them, well, talk about it.

I often wonder what it might have been like if I were now two years on from losing Teddy and I had tried to just 'get on with it' and pretend he hadn't existed. Would I still spend the time I had, on my own, sobbing? Would I look at other people with children and feel envy and sadness? Would I constantly feel like I was denying myself the title of being a mother, even though I was one? Yes, I think the answer to all of the above is most likely, yes. I can't see how that could be considered 'moving on', because you're not really moving anywhere, are you? You're just pretending it hasn't bloody happened when it *has*. The thought of saying 'No' when I am asked if I have any children, without so much as a flinch; the idea of not having photos of him in our house or keepsakes with his name on. That vision, the one where we just erase him from our family tree in an effort to feel better, that is one that makes me feel very sad indeed. Sad for Teddy and sad for us that we would deny his existence for the benefit of the outside world feeling less 'awkward'.

I have come to realise that I don't actually want to 'move on'. The further away May 2016 becomes, the more and more Teddy's physical existence in this world is left in the past. All we physically have now is a box of his ashes, a few things we have in his memory box, and exactly 35 photos of him. (Let's face it, most mums take 35 photos a day on their phones now.) That's all we have, and the physical moments that Teddy was here with us are being left further behind. I take so much pride in all of those physical possessions we have that keep us connected to Teddy, but by talking about him we are keeping his energy alive, and allowing his memory and his legacy in this world to be part of our family life. He is not something I want to move on from, he is our son; and I most certainly will never 'move on' from being his mother.

I *do* believe that there are many things in life that we can move on from. Old relationships and friendships, jobs, interests or events that have taken place in our lives. I also think that it's pretty normal to do so, and I am not one of those people who keeps mementos of the tiniest occasion in life so that I can hang on to the memory. That suggestion that it would be a good idea, healthy even, to move on from the tragic death of a loved one, well, it quite simply baffled me – and I think it will do for a long time yet!

I am proud that Teddy is spoken about, proud that in speaking his name other people feel empowered to do the same, and proud that he will stay very much in this moment with us. I know it's not just me as I have since spoken to many parents who have lost and they all feel the same. I just hope that whoever made that remark wasn't someone who had experienced a loss and had been made to feel like that was the only way to deal with it by the people they had been surrounded by. I can only imagine that would be a truly sad and isolating place in which to exist.

I do also believe in moving forward. It is something I have written about and spoken about on so many occasions when addressing how we have coped with our new reality since Teddy's death. How do you move forward and start to make positive steps to living your life again, to actually enjoying things again, without that familiar pang of guilt washing over you and sucking the joy out of anything that once brought a smile to your face? I really wish I had a magic potion: 'Here, drink this, and you'll be able to enjoy yourself again.' (I think every grieving parent could do with one of these on the odd occasion.) As we all know, it's just not that straightforward, but I do passionately believe that there are simple steps you can take that allow you to nudge yourself in the right direction. For me, that has been looking after myself, taking time to enjoy things that I do love. I have never rushed back into feeling better or forced myself to do something if I thought that I wasn't physically or emotionally able.

Lots of parents who lose children feel that overwhelming desire to try for another baby. When you lose a baby the mix of emotions that rush through you are intense. Shock, grief, love, anger, shame; you name it, I probably felt it in those early weeks. The disbelief that what has happened is even real. Then eventually your subconscious catches up. For me, as that mist cleared, there was another emotion that took over, although I wouldn't liken it to any 'emotion' I had ever felt before. It was an overwhelming feeling, an *instinct*, that I *needed* to be pregnant again. My body knew that I wasn't holding a baby in my arms;

the hormones raging around inside me were telling my brain that something had gone horribly wrong and that I needed to do something about it. It wasn't a conscious decision, a discussion of 'we need to try again'; it was every inch of my being yearning for a baby to hold. Not to replace Teddy, not ever, but perhaps to help my broken heart and empty arms.

At moments, I felt so callous; why was I even considering having another baby? We hadn't even had our son's funeral at this point, and this thought, this instinct, kept shoving its way to the forefront of my mind. I couldn't quash it, no matter how hard I wanted it to disappear so that I could just grieve for Teddy in peace. It burned into me, every single moment.

I spoke to Nico and explained what I was thinking, how it was making me feel, how I needed to be a mother; not just to Teddy, but to another baby. He agreed that he thought we should think about trying again; and so, our journey of trying to conceive after loss began. I know that from speaking with my friends who have lost children that they too felt the same almost immediately after losing their children. It's that instinct to mother, to protect and to love. I don't for one second think that growing our family or having another baby will replace Teddy, but it would give me another little person to pour all of that love into, that love for Teddy that had nowhere to go.

I quickly realised that I had to get over the guilt that I had associated with the need to grow our family. In my mind, Teddy was always going to have younger siblings, but this just meant that they might appear sooner than expected as our path as a family had changed. Of course, as I write this now, we still haven't been fortunate enough to have had another successful pregnancy resulting in a sibling for Teddy. As the luck (or might I say bad luck) of the universe would have it, I have suffered with secondary fertility issues after losing our second pregnancy. I never, ever imagined that our road to recovery could have been made any more challenging, but it seems to have been. I had imagined myself by now with a baby in my arms and Teddy in my heart, but still we wait. It is easy sometimes to think the simpler route might be to just give up, to think that being a parent to a child who actually gets to come home might just not be within our grasp.

I just believe so strongly that it is. I can see it so vividly, and I believe that wonderful things will happen for our family. I think that belief is what keeps me going. It is what makes me thrive as Teddy's mother and enables me to keep a positive mindset about our future. I know that it is a challenge that many couples face after the loss of a child. People ask me why I don't get angry or upset that it hasn't happened for us yet. I won't lie – it does make me sad, of course it does. I am so desperate to be a mummy to a child who I actually get to push in a pram and feed and care for. I long to see my husband rocking our babies to sleep and carrying them on his front out on long walks with Boris. I keep those wishes in the forefront of my mind, and to me that keeps them within reach.

I like to think that we are all on our own path. Some people's paths will be more straightforward than others; some will face different challenges, with illness or loss of a parent early in their lives. Our path has seen us lose Teddy, and that has adjusted the course of where we are heading as a family and at what speed we can get there. However, it is our path, and I respect that. I shall continue to believe that it will happen for us, one day.

There are so many other elements to moving forward than expanding your family, of course. It's about gaining confidence again and calming the anxiety that loss might have brought upon you. It's about continuing to respect those changes and adaptations that we have made to our lives. We don't expect to spring back to normal anytime soon, and that's OK. We still don't book up our weekends with catch-ups or events, because sometimes we get to that weekend and we just can't do it. We still sometimes spend entire weekends without seeing anyone but each other and enjoying mundane things, like coffee in the garden or a long walk in the sunshine. We cancel on people at the last minute (yes, we are those annoying people) because sometimes we just can't face socialising or being away from home, or the outside world just starts to feel that little bit too noisy and overwhelming again. People understand – they don't berate us for it or think we aren't 'getting on with it'. Our friends and family respect that this is a major process, even though sometimes it feels like a very slow one, and that actually we have made some huge leaps and bounds in how we have dealt with life since Teddy died.

Let's not forget that there was a time when I couldn't walk around the park without freezing to the ground in a panic attack, I couldn't even walk around the aisles of Waitrose without suddenly bursting into inconsolable tears in the bread section. We have come so far, and some days we just need to reframe and refocus on that.

I think back on those days when I didn't want to open the shutters, when I couldn't swing my legs around the side of the bed to face the day, and I think about how I feel now as I am writing this. I remember the moment when I decided that I wouldn't be defeated by the universe and just curl into a ball. I am so proud that I didn't let that feeling win, that I chose to live life again and start to let the light back in. There comes a time, a moment, when you have to accept that, doesn't there? It's either that or just let everyone else in the world continue to have all of the fun while you accept that you're willing to sit on the sidelines and be a silent spectator for the remainder of time. No, not us.

As each month passes, we are getting stronger, and the normality of life is starting to creep back in. I wonder whether my body just wasn't ready to have another baby so soon after Teddy, and that is why we are where we are now. I guess I will never know. I do know that we are starting to enjoy our lives again though. We have begun to plan breaks away, and are making more plans for the house. All of these things actually feel exciting, too, and make me feel more like, well, me.

I guess I'll never understand why people feel the need to say that we should 'move on' from tragic events in our lives, or from losing loved ones. I feel so happy that we have started to strike a balance between keeping Teddy's memory and existence very much alive, while focusing on bringing happiness and enjoyment back into our lives. We might be Teddy's mummy and daddy, but we are also Elle and Nico, and I want us to be able to be both, without one not being in alignment with the other. I don't want the positivity of moving forward to be laced with any guilt that we are leaving Teddy behind. He'll always be with us – we are just moving forward, never on.

Dear Teddy

WELL, HERE IS A LETTER THAT I NEVER EXPECTED I WOULD BE WRITING. A letter to you in a book about your exit from this world, and how we survived. I suppose I should start by saying thank you. Thank you for choosing me to be your mummy, and for giving me the strength each day to talk about you, even to passing strangers.

You have made me feel so many things in life – pride, happiness, the need to protect, pain, sorrow, heartbreak, but the most intense of them all is love. You have made me realise that love is the most powerful emotion, because it is my love for you that wipes the floor with the rest of those feelings, that crashes through any barrier that life might put in its way, and that allows me to fill the hole that you have left in our lives. It is love that is in the forefront of my mind when I write about you, talk about you or refuse to be silenced when it comes to telling the world about you. Thank you for helping me to feel that love more than I feel your loss.

I had so many dreams for you, so many ideas about who you might become, what you might look and sound like. Would you have started to look more like me and less like your daddy? I often wonder if you'd love cereal as much as your daddy does, if you'd be an early riser or prefer to cuddle in bed with me. I think about how much our lives would have changed with you here, and what we might have done differently. I long to hear you say 'Mummy' just once, or to be able to look into your eyes. It's the little things I think about the most, the details of your life and personality that I'll never get to know. I spend a lot of time imagining them all and then un-doing it all in my mind as I know I'll never get them quite right. I try not to get too tangled up in them as I know that it's just a dream now that can't come true.

I think, so often, about those days that we spent

together with you in the hospital. You made me feel so proud; I was bursting. I think about whether you heard what I was saying to you – whether you felt it when I put my finger into the clasp of your hand so that you could hold it. I hope that you felt us there, that you knew we were all rooting for you. I often wonder what would have happened if my wish had been granted and you had just woken up. It's the one wish I ever made that I would give anything to come true. I hope that you felt us all there when we said goodbye and that you liked the story we read to you. I didn't want you to be scared and I really hope you felt that too.

The truth is, I don't want to be writing this book, or this letter. I just want you. I want you to be here, making a mess in the sitting room and rubbing crumbs into the carpet as Boris desperately tries to snuffle them up. I picture him following you around the house like a little shadow; a mischievous duo. I only ever wanted to be a 'normal mummy', that was all, but you changed all of that for me. When you left I became a mummy who had to survive, who has to live out the rest of her days knowing that they will never be filled with your laughter, or your 'firsts', or all of the wonderful things that life held for you.

I had to say goodbye to the dreams of watching you taking toddler steps towards the surf on a beach in Cornwall, and of you learning to catch and throw a ball in the garden with Daddy. I would do anything for a sleepless night with you or a tantrum, I'd even take an afternoon at soft-play. All of those normal things feel like they are so far away now because you created a new normal for us.

Daddy and I talk about you so often. Your name is spoken every day in our home and your photos hang proudly on the walls. We miss you. Which sounds so silly, as we never even got to know you. We miss the ideas of the life we had planned with you in it, and we miss not being able to touch you, hold you or breathe you in.

I miss you wriggling around in my bump and letting me know you were there every so often with a big kick in the ribs. I so enjoyed that time we had together, just you and me. I wish I could have kept you safely in there forever; you see, that's what was keeping you here with us. I wish there had been an answer for you when you arrived, that it didn't have to end for us there. I hope that you know I would have done anything to protect you. I still will.

I don't ever want you to think that you'll be

forgotten, that you won't be our firstborn son, our eldest. I want you to be a big brother, and I want your siblings to know how much their brother is loved and thought about. I also want them to know how much you have taught me – about myself and about others. You have taught me to love fiercely and be passionate about what I believe in; you have taught me to look after myself and look after Daddy better. You have made me realise that life really is what we make of it, no matter how short our time here is, and that even the shortest of lives on this earth can have the hugest of impacts. You have taught me never to take anything for granted – never to expect an outcome just because we think that's the way it always turns out. To expect the unexpected and try to embrace it whatever happens. You have made me realise that we can face absolutely anything that life throws at us, when we have to.

You continue to make me so proud, every single day. All I can hope is that this book and the way I talk about you will make you just as proud of me. You, Teddy, are so very loved.

There is a quote from Peter Pan that I read over and over the week that you died. I remember feeling so sad because I wanted you to be able to see it too; I wanted it to bring you as much comfort as it had brought me, so that you wouldn't ever be scared or feel alone either. I felt that we had spent all of those months together and then that was it, we were just separated. So, I'll take this opportunity to share it with you now. . .

You know that place between sleep and awake, the one where you can still remember dreaming? That's where I will always love you, that's where I'll be waiting.

I just want you to know that this is all for you, my darling. It's *always*, all for you.

Sleep tight,

Mummy

xxx

Acknowledgements

THERE ARE SO MANY PEOPLE I NEED TO THANK FOR MAKING THIS BOOK COME TO FRUITION, AND I SIMPLY COULD NOT GO WITHOUT THANKING THEM. Firstly, Charlotte and her team at Rock my Family; who helped me share my writing and Teddy's story with a wider audience, and without whom I very much doubt I would have been given the opportunity to write this.

To the readers of my blog and Instagram posts; thank you for showing me that this was a subject that people wanted to engage with, and that people who haven't lost aren't scared to read about Teddy or the other beautiful babies gone too soon. Your kind comments and support always keep me writing and were definitely at the forefront of my mind as I wrote this.

A huge thank-you to Lauren, who has most certainly become a friend rather than my literary agent; thank you for trusting that people would want to read about Teddy and for helping me to see the potential of sharing his story in a book. Thank you for the lengthy phone calls of discussion and for always seeing and supporting what I wanted to achieve with this.

Thank you to Beth, Francesca and the wonderful team at Lagom for their dedication and attention to every detail in seeing this book through to completion. For their expert guidance and, most of all, for putting up with me on the occasions when I didn't agree! I hope you are all as proud of this as I am.

Thank you to Louise, Angie and Gretchen for their expertise in writing about their fields of work for this book in the hope it might also help others. For their continued support and friendship, and for helping me feel like 'me' again.

Acknowledgements

A special thank-you to my darling mum, Carol, for her entry in this book. If I am even half the mother to Teddy that you have been to us, then it will be my greatest achievement in this life.

Thank you also to Zoe and Amanda for their honest accounts and beautiful words. You have made this book so much more than a mother's account of loss, and I really hope that your entries bring comfort to those friends and families of bereaved parents who need to read your words.

Nico, you are my everything. Thank you for agreeing to write your piece for this, and for letting me keep all of my writing to myself until it was exactly perfect and ready for you to read. Your patience astounds me! I know that Teddy would be so very proud of his wonderful daddy, as am I. I love you.

To my Warrior Women (I know I have given you a chapter, but I feel like an extra thank-you is due!) – thank you for catching me when I fell, for allowing me a space to talk and for being the understanding voices that I needed to hear at my lowest ebb. Your friendships will always be the shining light that came from losing Teddy.

Lastly, to our friends and families, I cannot quite put into words how much your support, love and laughter has meant to both Nico and I since losing Teddy. I feel very fortunate to say that we have been lifted up by your kindness and never felt as though people couldn't talk about Teddy with us. Thank you for always speaking his name.

This Might Help

A LITTLE GUIDE OF RESOURCES THAT HAVE HELPED ME
– YOU MAY LIKE TO USE THEM TOO, IF YOU FEEL YOU
NEED THEM.

CHARITIES

Sands (Stillbirth & neonatal death charity)
Sands operates throughout the UK and works to
support anyone affected by the death of a baby. It
aims to improve the care bereaved parents receive and
promote research to reduce the loss of babies' lives.
www.sands.org.uk

Tommy's

'We believe that parents need and deserve answers when their babies die. Tommy's exists to answer these questions.' Tommy's support parents after the loss of a baby and in future pregnancies, at their Rainbow Clinics.

www.tommys.org

The Mariposa Trust

The team at the 'Saying Goodbye' division of the Mariposa Trust are there to support bereaved parents, and offer them a place of peace and comfort after the loss of their baby.

www.mariposatrust.org
www.sayinggoodbye.org

Our Missing Peace

Set up and run by Nicole Bowles after the loss of her baby boy, Ben, in 2012, with the aim of unifying bereaved parents.

Our Missing Peace helps to simplify finding support for bereaved parents, regardless of circumstances. 'We want to make it easier for everyone to talk about child loss'.

www.ourmissingpeace.org

TOOLS

The Bees Knees Journal

A positivity journal created by Kelly Terranova, in the wake of her own family crisis (her mum's diagnosis of Huntington's Disease). Kelly has channelled her positive energy into a daily journal for people to enjoy and reflect on their lives.

www.thebeesknees.co

Yes Mum™ affirmation cards

I used the 'Strength' cards to get me through my toughest days. Hollie De Cruz (author and hypno-birthing coach) has also created cards for positive birthing, fertility, new mums, teens, self-love and a number of other uses. Place the pack on your bedside table, or anywhere you are likely to see them each day, and aim to turn over a new card every morning. They offer a quick and straightforward way to access the power of positive programming, and start each day with strength and self-assurance.

To shop for these cards and others, visit: www.yesmumcards.com.

FERTILITY AFTER LOSS

Many parents feel the need to begin trying for another baby as soon as possible. I have found Emma Cannon's expertise and approach to fertility (particularly fertility after loss) hugely helpful and inspiring. Emma is a UK leading expert in fertility, and writes books, leads talks and treats patients at her London clinic.
www.emmacannon.co.uk

OTHER RESOURCES

If you are looking to access a registered acupuncturist for treatment in your local area, you can search for registered professionals using the British Acupuncture Council: www.acupuncture.org.uk.